# 成为自控者

Susan Kuang ◎著

建立幸福人生的
正向循环

/////////////////////

湖南文艺出版社
HUNAN LITERATURE AND ART PUBLISHING HOUSE

博集天卷
CS-BOOKY

**图书在版编目（CIP）数据**

成为自控者：建立幸福人生的正向循环 / Susan Kuang 著 . -- 长沙：湖南文艺出版社，2020.12
ISBN 978-7-5404-9798-9

Ⅰ . ①成… Ⅱ . ① S… Ⅲ . ①自我控制—通俗读物
Ⅳ . ① B842.6-49

中国版本图书馆 CIP 数据核字（2020）第 157279 号

上架建议：心理·励志

CHENGWEI ZIKONGZHE：JIANLI XINGFU RENSHENG DE ZHENGXIANG XUNHUAN
成为自控者：建立幸福人生的正向循环

作　　者：Susan Kuang
出 版 人：曾赛丰
责任编辑：丁丽丹
监　　制：邢越超
特约策划：刘红静
特约编辑：万江寒
营销支持：张婉希
版式设计：梁秋晨
封面设计：利　锐
内文排版：百朗文化
出　　版：湖南文艺出版社
　　　　　（长沙市雨花区东二环一段 508 号　邮编：410014）
网　　址：www.hnwy.net
印　　刷：三河市鑫金马印装有限公司
经　　销：新华书店
开　　本：875mm×1230mm　1/32
字　　数：188 千字
印　　张：8.5
版　　次：2020 年 12 月第 1 版
印　　次：2020 年 12 月第 1 次印刷
书　　号：ISBN 978-7-5404-9798-9
定　　价：48.00 元

若有质量问题，请致电质量监督电话：010-59096394
团购电话：010-59320018

成为自控者：
建立幸福人生的正向循环

Learning Self-control:
The Virtuous Circle for a happy life

# 目录
# Contents

# /02/ PART

## 重塑你的底层信念

# /03/ PART

# 打造自我实现系统

# /04/ PART

# 建立精力管理策略

# 先找到快乐，
# 再追求成功

2016 年，我完成了自己人生的第一本书《斜杠青年》。这本书一上市便受到了很多读者的喜爱，刮起了一阵"斜杠青年"热潮。面对这种热潮，我既感到欣喜，又有所困惑。表面上看，很多人向往成为斜杠青年，是因为斜杠青年意味着拥有多重职业以及多个收入渠道，但我总觉得这背后一定有着更为深层次的原因，一定是因为某种重要的内在需求没有得到满足。如果真是如此，那么这种需求到底是什么呢？大家内心真正渴望的又是什么，难道仅仅是多一个职业、多一份收入吗？

这个问题，我思考了很久。到现在，我终于想明白了，我觉得大家真正想要的其实是找到自我，或者更准确一点来说，是找到自我的存在感与价值感。怎么样才算拥有自我的存在感和价值感呢？关键得在自己感兴趣的、认为重要的和有意义的事情上有所成就，并且还得到他人和社会的认可，获得相应的经济回报。

这里有几个关键词：（1）自己感兴趣，也就是说，我们做这件事情的动力来源于自己，是出于某种内在驱动力，而不是某种外部压力；（2）有所成就，也就是要有一些能够体现自身能力的实在成果；（3）他人和社会的认可，也就是这些成果得对他人有帮助、有价值，能够转化成经济收益。

心理学上有个著名的理论，叫作自我决定理论。这个理论告诉我们，人有三种先天的心理需求，分别是自主（Autonomy）、能力（Competence）和关系（Relatedness），只有当这三个需求都得到满足时，我们内心才会有幸福感和自我满足感。简单解释一下：自主需求指的是，可以根据自己的个人兴趣和价值观去选择，做一件事情是因为自己想做，而不是因为不得不做；能力需求指的是，可以在做自己喜欢的事情的过程中不断发展和提升自己的技能；关系需求指的则是，可以和他人产生连接，可以获得归属感和被接纳的感觉。

这三种心理需求和我刚刚提到的这三个关键词，正好形成对应的关系，因此非常好地代表了"斜杠青年"背后的价值追求。从某种意义上来说，大家之所以想要拥有"多重身份"，就是因为他们现有的身份无法满足他们对自主、能力和关系的需要，所以他们想通过对新身份的探索来找到自己真正喜欢和热爱的领域，并不断发展自己在这个领域的能力，以此找到自己的存在感与价值感。

说到这里，我们就不得不问另外一个问题：为什么大多数人都不知道自己热爱什么呢？一个最直接的原因就是，我们内心有太多担心和害怕了：我们总是害怕自己不够好，害怕满足不了他人对我们的期待，让别人失望，害怕失败，害怕犯错，害怕得不到认可。当我们内心有那么多担心和害怕的时候，我们的自主性自然没有办法发展出来。

这是由大脑的特性决定的，对大脑来说，避免痛苦永远是第一诉求，它远比追求快乐要重要，所以在痛苦、焦虑和担心消除之前，在安全感得到满足之前，大脑不会花精力去思考和探索自己喜欢什么，或者去主动追求挑战和进步。正如约翰·韦尔斯在《战略的智慧》中所说的那样：人类生来好奇，总是在探索中进步，希望改善当前的行为，同时也会因为新想法欢呼雀跃。不断求索追寻进步是人类的本性，但这种本性也会因为缺乏安全感和恐惧而彻底被压制。

关于"热爱"这件事情，很多人都存在着误解，以为这个世界上存在着一个我们生来就热爱的事情等着我们去发现，但事实并非如此。热爱通常是主动投入和付出之后的结果，是你能力达到一定水平，并可以创某种对他人有价值的实在成果之后的结果。换言之，热爱是需要去培养的，需要无条件的投入，你越是投入，你的收获就会越多，收获越多，你就会越热爱，越热爱就会越投入，以此形成正向循环。

假如你缺乏安全感，内心有太多的担心与害怕，那么你就会把安全需求摆在第一位。这种"安全至上"的思维方式，就会使你一遇到困难就想回避，一遇到失败就想放弃。这样的话，你就不可能进入上面所说的那种正向循环，也不可能真正喜欢上某件事情，要知道不管你选择什么领域，你都会经历一个非常艰难的时期，你会遭遇很多的挫折，你也可能投入很长时间都得不到回报。

不过说句实话，这种"安全至上"的思维方式其实并不是我们的错，而是与我们成长和教育环境中"胡萝卜大棒"式的激励文化息息相关。"胡萝卜大棒"式激励，指的是用奖励或者惩罚的方式去让人做某事，"胡萝卜"代表的是奖励，"大棒"代表的是惩罚。当然，这种奖励和惩罚不一定是物质上或者身体上的，可能更多是精神上和人际关系上的，比如他人的认可和称赞、与他人相比的优越感就都是一种精神奖励，而他人的否定和批评、与他人相比的自卑感就是一种精神上的惩罚。

如果回顾一下自己的成长历史，我们可能会发现自己从小到大所做的一切事情似乎很少是出于兴趣，大多都是因为外在压力，比如我们去努力学习，不是因为对学习本身感兴趣，而是为了获得好成绩，考上好学校，以此满足家长的期待和获得老师的认可。我们努力工作，也很少是因为喜欢或者认同自己所做的事情，而是为了赚钱，或者得到领导的赏识，以便未来可以升职加薪。

这样的成长环境使得我们逐渐丧失了自主性和自我驱动的能力，外在奖赏成了我们最重要的动力来源：我们渴望得到他人的认可，我们想要自己看上去更优秀、更有地位、比别人更厉害、更成功，或者至少不要落后于他人。这些就是我们的"胡萝卜"。当然，我们也有自己的"大棒"，这个"大棒"就是自我批评。为了避免落后，为了让自己看上去足够好，我们会在内心不断地批评和责罚自己，或者拿自己和他人进行比较，以此驱动自己一直往前走。

　　明白这些之后，我们就不难发现，想要真正找到所谓的"自我"，拥有自我价值感，我们首先就得改变长久以来所形成的自我批评的习惯，让自己从各种担忧和害怕中解脱出来，找回内在安全感。只有这样，我们才不会因为过于在意外在得失而一直停留在回避痛苦的模式中，我们的自主性才会慢慢发展出来，我们才能把精神能量聚焦在有益的方面，比如如何应对和克服挑战，以实现自我突破和能力发展，并最终把能力转化成对他人和社会有价值的成果。

　　我写这本书的目的，从某种意义上来说，就是想要帮助你改变这种状态，帮助你弥补成长过程中所缺失的一些重要"功课"：学会如何不依赖外在奖赏而行动，如何让自己的情绪不随环境而变化，就算遭遇失败和挫折，也能保持积极乐观的心态，然后带着这份积极与乐观，去努力追求那些对自己来说真正重要的目标，去主动创造一个自己想要的美好人生。

　　这本书名字叫作《成为自控者》。在我看来，"自控者"代表的是这样一类人：他们相信命运掌控在自己手中，自己的人生只能自己负责，所以他们在生活中会表现得十分积极和主动，在困难和问题面前不会那么容易放弃，而是会努力寻求解决办法，也会以富有成效的方式去塑造自己的人生。

　　想要成为这样的"自控者"并不容易，因为这个逐渐找到人生掌控感的过程，本质上就是一个自我重塑的过程。这种自我重塑，既包括个人价值观的重塑，也包括认知模式和思维习惯的重塑。

　　这本书一共包含了四大部分。

第一部分，我将从人生发展这个宏观的角度入手，帮助你建立起科学的幸福观、能力观，以及更具适应性的工作观，并告诉你如何在这个不断变化、充满不确定性的时代，发展和保持自己的优势。

第二部分，可以说是全书的重中之重，它关乎的是我们整个认知体系中最为核心的信念改变，即有关自我价值感、能力和掌控感的信念，只有实现了这个层面的认知改变，我们才会真正拥有积极的心态。

在这个部分，你将学习到自我关怀的方法与技巧，这将帮助你摆脱自我批评和否定的习惯，以及因此而产生的无价值感，也会了解到如何摆脱无望感，让自己变得积极主动起来，以及如何让自己拥有成长型思维，不再让失败和错误成为自我发展道路上的绊脚石。

第二部分关注的是认知和情绪系统的改变，第三部分关注的则是关于思考和行动系统的改变，它包括学会如何定义和思考问题，如何把问题变成合理可行的目标，如何计划和规划目标的实现过程，以及如何利用产品思维和作品思维，将自身能力转化成对他人有价值的成果，以此实现自己的社会价值。

第四部分，是我根据大脑的特点和自己多年的实践经验，给出的一些重要且实用的精力管理和时间管理建议。从中你将学到如何让自己保持良好的精神状态，如何合理分配精力，以及如何把精力聚焦在真正有意义的事情上。这些建议不仅能够让你的行动变得更加高效，还能让你在全力以赴为目标奋斗的同时，更好地享受生活。

　　如果说《斜杠青年》让你看到的是一种全新的人生理念和更多的人生可能性，那么这本书将告诉你为了拥有这样的人生，你需要修炼哪些"内功"，以及如何去进行自我修炼。有了这些"内功"之后，你便不会再被自己头脑中的消极思维以及各种担心和忧虑所限制，而是可以开启人生的正向循环，然后自由地、无所畏惧地去持续探索和创造自己想要的人生……

# 01
**PART**

## 避免你内心的陷阱

# 幸福的本质，
# 是痛苦管理

你有没有在夜深人静的时候，问过自己这样一个问题：我究竟想要些什么？怎样才能拥有一个不一样的人生呢？

如果你的答案为"是"，那么我告诉你，你并不孤单，因为这个世界上有成千上万的人和你一样，对生活感到不满，但是又弄不清楚自己到底想要些什么。

从某个角度来说，弄清楚自己想要什么其实是件挺容易的事情，因为你想要的，无非就这两个字——幸福，但从另一个角度来说，这又是一件极其困难的事情，因为"幸福"这两个字太过抽象和笼统，于是，我们不得不继续追问：究竟什么是幸福？

关于幸福是什么，哲学家们思考了上千年的时间，却始终没有找到统一的答案。如今，多亏了大脑科学的发展，科学家们已经能够从更为本质的角度对幸福进行研究，并揭开了它的神秘面纱。

## 快乐背后的四种化学物质

虽说不同人对于幸福的理解和定义会不一样，但不管怎么样，幸福都是一种感受，而只要是感受，它就离不开大脑的化学反应，也离不开与之相关的各种化学物质。

如果从这个层面来分析和理解幸福，那么就会简单很多，因为大脑中与快乐相关的化学物质只有四种，它们分别是血清素、内啡肽、催产素和多巴胺。

### 血清素（serotonin）

相关感受：自信、安全感

血清素与自尊是息息相关的，它代表的是一种平静和自信的快乐。我们可以把血清素理解为大脑发出的一种信号，这个信号告诉我们："你的地位是稳定的，你现在是安全的。"

当我们感觉自己被尊重，或者得到了认可时，我们大脑中的血清素就会增加，我们就会自我感觉良好，情绪也会很稳定，由此而产生的自信和安全感则会给我们带来更多的情感张力，帮助我们更好地面对生活和工作中的起起落落。反之，当我们缺少认可，感到自我怀疑，或者找不到存在感和价值感的时候，血清素水平就会下降，而血清素的缺乏会使人感到焦虑、抑郁，人的睡眠和食欲也会受到影响。

你或许不知道，抑郁症就与血清素的缺乏有关，而抑郁症患者所服用的抗抑郁药物，其主要作用就是帮助抑郁症患者提高大脑中的血清素水平，这能帮助他们保持情绪的稳定。

## 内啡肽（endorphin）

相关感受：愉悦、享受、放松、被治愈

与内啡肽相关的情绪是愉悦感、快感、放松的感觉，以及被治愈的感觉等，比如当我们吃到好吃的食物，投入自己特别喜欢的事情，看温暖的电影、听美好的音乐，或者欣赏美丽的风景时，大脑就会分泌内啡肽，给我们带来一种美好的感受。

事实上，当我们伤心、哭泣或者身体经历疼痛，比如运动到身体极限的时候，大脑也会分泌内啡肽，因为内啡肽能阻止与疼痛有关的信号，帮助我们缓解疼痛。

## 催产素（oxytocin）

相关感受：亲密感、信任感、归属感

与催产素相关的情绪和感受，是亲密感、信任感和归属感。当我们被喜欢的人抚摸，与他人产生了很深的情感上的连接，或者感觉到被关爱、被信任的时候，大脑都会分泌催产素。

当大脑里催产素水平较高时，我们会有很强的同理心，也会很容易信任他人，对他人十分友好。有研究还发现，在一个人的鼻子里喷洒催产素有助于其克服社交羞涩感，增强自信，使其更容易"合群"。

女性在生产之后，大脑会分泌大量的催产素，新生婴儿的大脑中也会产生大量的催产素，有了催产素的帮助，妈妈和新生婴儿之间能迅速建立起强大的情感连接，这种连接对于婴儿的生存极为重要。

## 多巴胺（dopamine）

相关感受：充满动力和希望，成就感

多巴胺应该是这四种大脑化学物质中我们最熟悉的一种。一提起多巴胺，很多人就会联想到享乐和愉悦感，这其实是一个很常见的误解，多巴胺最主要的作用是使人想要某样东西，而不是让人感到愉快，让人感到愉快是内啡肽的功能。

多巴胺的释放能够引起诸如渴望、兴奋和希望等情绪，这种情绪会让我们充满动力地去追求想要达成的目标。

不过，多巴胺并不仅仅在目标实现或者欲望得到满足的时候才分泌，而是在预见目标能够实现的时候就会释放，也就是说，多巴胺所带来的快乐是在追求目标的整个过程中都能体会到的：在目标实现之前，我们体会到的是因为兴奋和希望而产生的动力十足的感觉，在目标实现那一刻，我们体会到的则是满足感、成就感。

认识了这四种与快乐有关的大脑化学物质之后，我们也就不难想象，幸福美好的人生应该是什么样的了。

真正幸福美好的人生，一定是这四种大脑化学物质都能保持平衡的人生，它意味着我们拥有足够的自信和安全感（这是一切的根基），拥有亲密和谐的关系，有追求、有目标，能够充满动力和希望地朝着想要去的方向持续前进，此外，生活中还能有足够多的快乐时光，这些快乐可能来自业余爱好，可能来自美食、娱乐和美景，也可能来自运动。

这实际上和积极心理学之父马丁·塞利格曼（Martin E. P. Seligman）所提出的幸福 2.0 理论是非常接近的。塞利格曼认为，幸福关乎的不仅仅是生活满意度，还是一种蓬勃绽放的人生状态，它包含了五个关键元素：积极情绪、投入、意义感、成就，以及人际关系。这五种元素在刚刚我们关于美好幸福生活的描述中都能看到。

## 没有风雨，哪会有彩虹

看到这里，你可能会忍不住想：这似乎也没有什么新鲜的，这不就是我理想中的美好生活吗？可为什么我就没有办法拥有呢？答案实际上隐藏在一个我们都知道但我们常常忽略的本性之中，那就是，我们的大脑只喜欢快乐，不喜欢痛苦。

不知道你有没有发现，这四种大脑化学物质所代表的快乐类型中，除了内啡肽所代表的愉悦、享受、放松是比较容易获得的，只要有相应的外在刺激就可以，其他三种类型的快乐都不是轻而易举就能获得的，而是需要承受某种痛苦才能获得。这种痛苦包括走出舒适圈的痛苦，失败和犯错的痛苦，不确定性的痛苦，理想与现实不一致的痛苦，等等。

如果你想要找到自己喜欢的人生方式，按照自己想要的样子去生活，那么你就得敢于面对不确定性，敢于尝试和走错路，敢于与众不同，甚至是不被理解。

如果你想在某个领域有所成就，那么你就得习惯于困难与挑战，习惯于锲而不舍的努力，习惯于长时间默默投入和积累而不被关注，没有鲜花和掌声。

如果你想拥有自信，那么你就得先学会如何自我接纳与尊重，学会如何在自己做得还不够好、离想实现的目标还有差距时，给自己安慰和鼓励，而不是去自我打击。

如果你想拥有和谐的关系，那么你就要做好牺牲和妥协的准备，而不能随心所欲地只考虑自己的需求和感受，在遇到冲突的时候，你得愿意去理解对方，然后在理解的基础上寻求共赢。

每个人的这一生，都是一个不断做选择、不断解决问题、不断应对挑战的过程。不管你身在哪个阶层，是富裕还是贫穷，不管你是想以事业为重，还是以家庭为重，你都免不了要面对各种各样的人生选择，要应付现实世界丢给你的无数问题和挑战，也一定会遭遇各种各样的失意与挫败。换言之，痛苦是不可避免的，它就是人生的一部分，不论你喜欢还是不喜欢，想要还是不想要，它都会一直存在，你永远无法摆脱它。

如果你只想要快乐，不想要痛苦，那么在面对选择、困难或者一个与期待不符的现实的时候，你就会本能地想要逃避。于是，你就只能去寻求一些简单的、不需要怎么努力和付出就能得到的快乐，比如食物、游戏和娱乐的刺激等，通过这种方式来缓解逃避所带来的焦虑感。

可问题是，这样的快乐虽然可以给你带来一些快感，但它没有办法给予你心灵上的满足感，久而久之你就会感到空虚和无意义。而且，就算你可以通过这种方式暂时逃避现实，你也无法永远逃避，总有一天你还是需要面对现实的。

一个人之所以会陷入迷茫，往往是因为他对人生抱有不切实际的期待与幻想，以为那种想要的充实感、成就感、意义感，以及美好和谐的关系是可以被找到的，或者可以通过某种方式轻松得到。所谓"成功学"利用的就是这种心理，它倡导的是"快速成功"，贩卖的则是快速成功的方法。

但真实的情况是，人生中想要获得感官上的快乐与刺激很容易，但是想要拥有心灵和精神层面的幸福感，那么你就只能用汗水和泪水去换取。

美国作家杰夫·哈登（Jeff Haden）曾经在他的书里讲过这样一个故事，这个故事是关于他祖父的。

在哈登 12 岁的时候，他的祖父花了很多钱买了一匹专门用来比赛的马。当时的他十分不理解祖父的这种行为，因为这匹马对生活在农场的他们来说，简直就是"奢侈品"，这笔支出大大超出了他们的消费水平。之后，他的祖父就常常带着这匹马去参加当地的比赛，但比赛结果总是不尽如人意。

有一天，哈登的祖父花大价钱请了一个非常厉害的骑手骑着自己的马去参加比赛，而这次比赛，这匹马终于拿到了一个令人满意的名次——第二名，哈登的祖父也如愿以偿地站上了领奖台，领到了一块银牌。

领完奖之后，哈登的祖父得意地牵着自己的马围着赛马场走了一圈，接受周围观众的祝贺和赞美。那一刻，哈登注意到他祖父整个神情和姿态都和以前不太一样了，他站得更挺拔了，头也抬得更高了，脸上还带着毫不掩饰的骄傲和自豪感。比赛完回到家之后，他的祖父依然沉浸在快乐之中，只是刚刚因为他人赞美而获得的自豪感已经看不到了。

过了很多年之后，哈登才真正意识到他的祖父当时为什么要买那匹马，他其实是迫切地想要找到存在感和价值感，而他相信，只要自己的马能够在比赛中取得好成绩，他就能"出人头地"，得到他人的关注和尊重。是的，那一刻，他的确得到了他渴望已久的价值感，然而这种快乐转瞬即逝，很快他就回到了原来的状态，除那次美好的回忆之外，这块银牌并没有给他的人生带来任何改变。

为什么哈登的祖父得到了自己想要的"成就"，却没有得到他渴望的快乐和存在感呢？很简单，因为他跳过了中间那个努力和成长的过程，而是直接用钱买到了最后的"成就"。哈登的祖父不知道的是，他真正想要的其实就存在于那个被他省去的、为了实现目标而不断努力自我突破的奋斗过程之中。

如果把幸福比作一个大蛋糕，那么目标最终实现的那一刻所带来的快乐仅仅是蛋糕表面那层看得见的奶油，真正的幸福其实藏在他人看不到的地方——奶油底下的蛋糕，它是我们在努力的过程中因为持续进步而获得的充实感与自我满足感。

我们总觉得，追求幸福就是追求快乐，但从某种意义上来说，幸福的本质其实是痛苦管理，因为我们真正面对的选择，并不是"我想要得到怎样的快乐"，而更多是"我愿意承受怎样的痛苦"。这才是幸福和成功背后的决定性因素。

## 既然痛苦不可避免，不如主动选择

假如你能换个角度看待人生，不把痛苦看作不好的、需要去逃避的情绪，而是把它看作幸福的一部分，人生意义的一部分，甚至有勇气去主动选择痛苦，那么你的心态就会发生很大的转变，人生也将从此豁然开朗，你不仅会轻松很多，内心变得强大起来，也会更容易想清楚什么才是自己真正想要的。

　　其实，人生中那些所谓痛苦，大多都是心理上的痛苦，是心态不好所导致的，是因为你不接纳它，抗拒它。一旦抗拒，就会引发内在冲突，而人的大脑是最厌恶冲突的，冲突会带来紧张和焦虑感。当你主动去选择痛苦的时候，你会发现，痛苦反而消失了，因为此时的你不再抗拒它，不再害怕它了。不抗拒就不会有内在冲突，内在冲突消失了，痛苦自然也就不存在了。

　　不仅如此，你还会发现，自己在面对选择和决策的时候，没有那么纠结了，因为你不会只是从快乐和回报的角度做选择，而是会问自己："我是否愿意为之承受痛苦，是否愿意为之付出艰辛的努力？"当你看清楚了回报背后隐藏的"附加条件"之后，答案就会变得分明了。而且经过这样的思考之后做出的选择，才是最贴近你内心真实意愿的选择，因为你只会愿意为自己真正喜欢的事情承受痛苦。为自己喜欢的事情承受痛苦，即便是真的辛苦，那也是幸福的、有意义的。

　　所以，如果你真的想要自己的人生有所不同，想要达到马丁·塞利格曼所说的那种蓬勃绽放（flourishing）的人生状态，那么你首先就不能害怕和逃避痛苦，而且还得有敢于面对痛苦、敢于主动选择痛苦的勇气。

　　这自然不是一件容易的事情，因为这种勇气的获得，需要依赖某种特定的前提条件，那就是，你得相信自己，相信自己有能力解决问题，有能力突破困难，以及有能力通过持续的努力来塑造一个更加美好的人生。

## 害怕，其实是因为不自信

人之所以会害怕痛苦，主要原因就是对自己没有信心，缺乏安全感和掌控感。在这种情况下，大脑就会倾向于把一切困难、挑战和挫败看作一种自我威胁。相反，人在自信的时候，不仅不会害怕挑战，甚至还会喜欢挑战，把挑战看作一种乐趣，也不会害怕挫折和不确定性，因为他们相信自己有能力解决问题，也相信自己有能力让未来变得更好。

过去的这一年中，我接触了不少来找我的咨询者。虽然大家的问题各不相同，但究其根本，我发现这些问题基本上是因为缺乏自信而引起的。

我记得有个咨询者曾向我咨询学习方向的问题，她跟我说，自己特别想选择一个领域去深入研究，但感觉可以研究的东西有很多，不知道选择哪个方向比较好。

我问她："你为什么想深入研究某个领域，你想从中获得的是什么，它会给你带来一种怎样的感受？"

她想了想回答我说："这会让我觉得自己很厉害、很聪明。"

紧接着我又问她："当你觉得自己很厉害、很聪明的时候，你会获得一种怎样的感受，这种感受是你现在没有的？"

她犹豫了一会儿，然后从嘴里蹦出两个字："自信。"

这个时候，她所面临的真正的问题就显现出来了：她之所以不知道如何选择，是因为她内心真正渴望的其实是安全感，是一种"自己足够好"的自信的感觉，正因为如此，她才会那么害怕不确定性，因为她害怕有损失，害怕投入了之后得不到想要的结果。

倘若她不存在不自信的问题，那么损失和不确定性的问题也就不会存在，因为这时学习就不再是为了获得一种"我很厉害、我很优秀"的感觉，而是为了满足好奇心，是为了解答头脑中的问题，那么只要跟着自己头脑中的问题去学习和研究就好了。

说到这里，我想起了我自己的故事。五年前，我做出了一个重要的人生选择——离开职场，从此开始独立探索自己的事业方向，按照自己想要的方式去生活。

这并不是一时冲动下的决定，而是我深思熟虑之后做出的。我当时心里非常清楚，离开职场就意味着要面对各种各样的不确定性，甚至要面临很长时间没有收入的风险，但我心甘情愿去承受，因为我知道有舍才有得，想要自主的人生，我就必须承受这种不确定性所带来的痛苦。

当然，这种勇气的背后离不开积极的自我信念做支持。我之所以敢于面对不确定性，是因为我对自己的能力是有信心的，虽然当时的我并不知道未来的路要怎么走，也不知道会遇到怎样的坎坷，但我相信，我一定可以凭能力找到自己的事业方向，过上自己想要的生活。

由此，我们不难发现一种更为深层次的逻辑：幸福的本质虽然说是痛苦管理，但是痛苦管理依赖的是积极的自我信念，因为人只有在自信的情况下，才会不害怕痛苦，才会愿意去主动选择痛苦，换言之就是，幸福的基础其实是自信。

关于如何建立起积极的自我信念，这正是本书第二部分想要帮助你实现的最为关键的自我改变。

# 有一种恐惧叫"我不够好"

焦虑，这是一个我们越来越频繁地听到的词，它似乎已经成了一种普遍存在的社会情绪，几乎所有人都有一定程度的焦虑。有人甚至认为，这是一个"全民焦虑"的时代。

从本质上来说，焦虑和恐惧其实是同一种类型的情绪，都是大脑感知到了某种即将来临的威胁或危险而做出的反应。两者最大的区别在于，恐惧通常是有具体的对象，当我们感到恐惧的时候，我们知道自己害怕的是什么。焦虑则不同，焦虑的对象是模糊的，很多时候我们可能自己都不知道是因为什么而焦虑，换言之，焦虑是找不到原因的恐惧。

那么，大家究竟都在为什么而焦虑呢？

假如我现在给你一张纸，一支笔，让你把自己心中的焦虑和担心都写出来，我可能会得到类似这样的清单：

害怕做不好；

害怕犯错和失败；

害怕没有成就；

害怕没有钱；

害怕不如他人；

害怕被人看不起；

害怕家人对自己失望；

…………

这些焦虑和担心表面上看似不同，但其实它们都可以归类为同一种恐惧，那就是对"我不够好"的恐惧，比如为什么你总是害怕自己做不好，害怕犯错和失败？因为这会让你觉得自己没有能力，没有能力就意味着不够好；再比如，为什么你总害怕自己没有钱，没有成就？因为没有钱，没有成就，就意味着自己是一个失败者，是不如他人的，是不够好的。

## 自尊，你的自我防御机制

为什么我们都那么害怕自己不够好呢？想要理解这种心理，我们就得先了解自己作为社会动物身上所具有的一种本性——爱比较的本性。

人是典型的社会动物，需要依赖群体而生存。群体的一个重要特征就是，它存在着严格的内部等级。在远古时代，资源是极其有限的，个体在群体中的等级地位越高，能够得到的生存和繁衍资源就越多，等级地位越低就越容易被欺负，而且还会随时面临"被牺牲"的危险。

个体在群体中的地位通常由两个因素决定：一是你和他人的强弱对比，二是他人对你的接纳与认可程度，而这两个因素往往是相关的：你越是比他人强，比他人厉害，他人对你的接纳和认可程度就越高，认可程度越高，你的地位就越高。

正是出于这个原因，我们的大脑才会进化出时刻关注他人的本能，因为我们需要知道自己在他人眼里是不是足够好，以及和身边的人相比是不是足够好，只有这样，我们才能及时了解自己的"地位"状况，然后想办法守住，甚至是提升自己的地位，避免不被接纳的命运。

这些比较和争夺大多是无意识的，即使我们不想去比较，我们的大脑也在自动地根据各种外在信息和线索来进行运算，判断我们此时的地位，并通过情绪来给我们"信号"。

这种本能或者说心理机制，就是我们平时常常提到的"自尊"。自尊可以说是进化赋予我们的一种自我保护机制，因为它存在的目的，是帮助我们在群体中很好地生存下去。

这种自我保护机制的存在就使得我们无时无刻不生活在比较中，也使得我们总是在意他人对我们的看法。一旦我们发现自己的地位受到威胁，这种心理机制就会引发焦虑、担忧、嫉妒等情绪，这种情绪会促使我们想办法守住自己的地位。

有了对自尊的认知，我们就不难理解那种害怕自己不够好的心理了。这种担忧的背后潜藏着这样一种逻辑：如果我不够好，他人就不会接纳和认可我，得不到接纳和认可，我在群体中就是不重要的、没有地位的，没有地位就意味着被欺负、被剥削，甚至是被淘汰和牺牲。

曾经有读者跟我说，她之前听过这样一个说法："只有当你有了房子、有了足够的钱之后，你才会知道自己真正想要追求的是什么。"她问我是不是这样。

我回答她说，这句话只说对了一半，它背后的逻辑是正确的，那就是人必须先解决安全感的问题，才有精力去思考什么样的事情是自己真正喜欢的，才会去考虑自己的梦想和追求，但是，这句话里关于安全感的假设是错误的，它假设人只要有了足够的经济上的保障，就会有安全感，但事实并非如此，因为真正的安全感其实是心理上的安全感，心理上的安全感关乎的并不仅仅是物质，还有自尊，或者说自我价值的确认。

从某种意义上来说，这也许正是我们作为人的特殊之处——我们不是有吃的、有喝的、有住的就满足了，我们还需要有价值感，需要知道自己是足够好的，需要被接纳、被认可。只有这样，我们才会在潜意识中觉得自己的生存得到了保障，才会觉得有安全感。

## 安全感只能自己给自己

说到这里，你可能会问：有没有办法摆脱这种对"我不够好"的担心和害怕，让自己拥有内在安全感呢？

办法当然是有的。

经过前面的分析，我们已经知道，我们之所以会害怕自己不够好，本质上是因为害怕丧失自己的地位和价值。其实，这种对价值感的需要本身并没有什么不好，反而还有助于自我发展，要知道，正是因为有这种强烈的内在需求，我们才会不断向上，努力提升自己的能力，让自己成为一个对他人和社会有价值的人。

所以，问题的关键并不在于需要有自我价值感，而在于我们评判自我价值的标准和方式：我们总是习惯性地拿自己的表现结果、与他人的对比、他人对我们的评价和看法以及是否达到了某种主流标准来对自己进行评判，只有当这些都是正面的时候，我们才会觉得自己是足够好的，自我价值感才能得到满足。

为什么这种方式是有问题的呢？很简单，因为它依赖的都是我们自己无法掌控的东西：我们没有办法控制自己不犯错、不失败，没有办法确保每次结果都是令人满意的、都是成功的，更没有办法控制别人对我们的评价与看法，而且不管我们有多优秀，这个世界上都一定存在比我们更优秀的人。

毫无疑问，当我们把自我价值感建立在那些不可控的结果之上时，我们自然就会因为这种不确定性而一直活在焦虑和不安之中，而且一旦结果没有达到所谓"好"的标准，比如计划好的任务没有完成，没有得到他人的称赞和认可，或者看到别人比自己好，等等，我们头脑中就立马会冒出"我不够好"的自我否定的声音，内心的自我价值感也会随之降低。

虽然我们没有办法控制结果，但有个东西是我们可以控制的，那就是看待结果的方式。如果我们能够换一个角度去看待那些所谓"不好"与"失败"，不把它们看成对自我价值的一种否认，而是把它们看成一次自我成长的机会，把它们与自我提升进行连接，那么我们便不会因为暂时的不足和失败而产生"我不够好"的想法，也不会总是活在"我是不是足够好"的担忧与焦虑中，而是会把更多精力用在重要的目标上。

当然，这样的视角转换并不是一件容易的事情，因为它需要我们有意识地主动对抗那早已根深蒂固的自我评判习惯，以及消极的自我信念和消极的思维模式，具体来说，就是要同步训练三种重要的底层思维习惯：自我关怀、成长型思维和主动式思维。

自我关怀，就是要无条件地爱自己，放弃自我评判的习惯，学会接纳自己此时的不足，不拿这些不足去进行自我攻击，或者否定自己的价值，还要在自己遭遇情绪困难的时候，懂得去善待和爱护自己。

成长型思维，则是相信人的能力不是固定不变的，而是一直在发展的，所以任何不足和失败都是暂时的，只要愿意努力，那么自己就能不断进步和成长，就能朝着想要去的方向持续前进。

主动式思维，就是不管遇到怎样的困难和挑战，都相信"一定有办法"，并且会积极主动地寻找解决的办法。

这三种思维习惯可以说是对抗焦虑与低价值感的法宝。一旦有了这些积极的底层思维习惯，我们就不会总是因为自我否定而缺乏自我价值感，也不会总是担心和害怕自己不够好，因为我们知道，自己可以进步，可以变得更好，面对困难与挫折，我们也不会回避和退缩，而是会想办法突破，再接着继续往前走。

## 人性中最难化解的矛盾

国内知名心理咨询师武志红曾说过这么一句话："人性中最深刻的需求就是赞美，特别是来自权威或者重要的人的赞美。最好的情况是，权威人物对你的期待，和你对自己的期待，正好是一致的，这个时候你的生命力就会自然地成长，没有多少矛盾。"

武志红这短短的一段话，一方面道出了人性中的两个重要需求——自主需求（或者说"做自己"的需求）以及对认可的需求；另一方面则道出了很多人内心一个难以化解的矛盾与冲突，那就是，到底是选择"做自己"，去探寻和追求自己真正喜欢与认同的事情，还是去迎合他人，努力追求主流社会所认为的成功？

如果选择"做自己"，就可能需要面对他人的不接纳与不认可。对大脑来说，得不到接纳与认可，就意味着自我地位的丧失，就会引发焦虑和不安。但如果想要被接纳、被认可，就得依照社会的主流价值观去生活，去追求一种所谓"更成功"的人生，这个时候自主需求可能就无法得到满足。

从表面上看，这种矛盾似乎是不可调和的，但如果深入去分析，我们就会发现，这两种需求实际上并不存在本质上的冲突。

这是因为，人性原本就是向上的，不管我们想做什么，想去追求什么，目的都是更好地实现自我价值。这种价值的实现是离不开他人的，因为只有当我们所做的事情对他人有帮助，对社会有贡献时，我们的自我价值才算是真正得到了实现。而只要是产生了价值，我们就一定会得到认可，也会获得相应的经济回报。

只不过，想要通过这种方式去获得认可与回报，你就得先具备相应的实力和专业技能，能够为他人解决实际的问题。实力和能力的积累，毫无疑问都是需要时间的，也就是说，如果你想凭自身的实力来赢得认可，那么你必然要经历一段相对比较长的、只有投入却没有鲜花和掌声的日子。

假如你在还没有足够实力的时候，就渴望得到他人的接纳与认可，那么唯一的方式，就是按照他人的价值观去生活，或者寻找一些投机取巧的方式让自己看上去很厉害、很成功。说实话，这样的认可即便是得到了，也是脆弱的，因为你随时可能失去它，而且你也很难体会到那种自我实现所带来的成就感和幸福感。

其实，那些敢于跟随自己的内心，去做自己真正想做的事情的人，并不是不想得到社会的认可，也不是不渴望获得经济上的回报，而是因为他们相信自己的能力，也相信自己做的事情是有价值的，是有意义的，只不过这种价值需要等一段时间才能最终显现出来，所以他们并不急着要在现在得到认可，而是愿意沉下心来踏踏实实地做事情，不断积累经验和实力，静待自己的价值被认可的那一天。

总而言之，"做自己"和"被认可"这两个重要需求之间并不存在本质上的冲突，而仅仅是在时间上存在着差异，因为从"做自己"到"被认可"需要一个积累和探索的过程。如果你想在"做自己"的同时得到他人和社会的认可，那么你不仅需要勇气，更需要沉得住气，能够在别人还不认可自己的时候，静下心来，踏踏实实地去发展自己的实力，让自己先成为一个值得他人和社会认可的人。

最后，再分享周国平曾讲过的一段话：

在为自己的人生确立目标时，第一目标应该是优秀，成功最多只是第二目标，不妨把它当作优秀的副产品。之所以要把优秀放在第一位，是因为优秀是你自己可以把握的，成功却不然。我们说的成功，一般是指外在的成功，就是你在社会上是否得到承认，承认的程度有多高，最后无非落实为名利二字。这个意义上的成功，取决于许多外部的因素，自己是很难把握的。

把自己不能支配的事情当作人生的主要目标，甚至唯一目标，这会让人很痛苦，也许最后什么也得不到，而且我敢断定，没有优秀，所谓成功也一定是非常表面的，甚至是虚假的。其实，在开放社会里，一个优秀的人迟早有机会获得成功，而且一旦得到，就是真正的成功，是社会承认、自己内心也认可的成功，是自我实现和社会贡献的统一。

# 未来的你怎样
# 才能有优势

　　你有没有觉察这样一种现象：身边越来越多的人开始利用自己的业余时间拼命学习，学习各种各样的新知识和新技能？其实，不仅在中国，整个世界都兴起了一股学习的浪潮。终身学习，俨然成了一种时代趋势。

　　这种热潮的出现，并不是因为大家突然间都变得热爱知识和学习了，而是源于科技飞速进步所带来的压力和危机感，正如谷歌公司首席执行官桑德尔·皮猜（Sundar Pichai）所说的那样："那种仅凭一项技能就能一生受用不尽的日子已经不再存在了。"在这样的时代背景下，每个人都在为自身有限的技能和认知而焦虑，仿佛自己马上就要被这个科技日新月异的社会淘汰。

　　持续学习无疑是件好事，但问题是，如果学习是为了更好地适应未来，那是不是除了强调要学习，我们还得思考一下未来社会究竟需要怎样的人才？只有清楚了这个问题，我们才能知道什么样的能力是最为关键的，才不会像热锅上的蚂蚁一样这里学学，那里学学。

那么，未来社会究竟需要什么样的人才？

曾经有段时间，我特别喜欢听一个叫作 *The Future of Work*（《未来工作》）的播客节目。节目中，播客主雅各布·摩尔根（Jacob Morgan）会采访美国各大公司的高层和不同领域的领袖，与他们探讨关于未来工作的一些话题，当中一个必谈话题就是人工智能对未来工作的影响，以及未来需要怎样的技能。

虽说不少人都担心人工智能的发展会导致大范围的失业，但是几乎所有访谈嘉宾都对人工智能持积极态度，他们认为人工智能实际上会让人变得更像"人"，因为它们夺走的都是那些可以被机器化的工作，这就使得人们可以专注于那些能够真正发挥出"人"的优势的工作，比如需要创造力的工作，这些工作大部分还没有被创造出来。有个嘉宾的观点更有意思，他认为，不是机器要夺走人的工作，而是反过来，人夺走了机器的工作，我们只不过是把这些原本就属于它们的工作还给机器。

在节目的末尾，雅各布总会让访谈嘉宾给在校学生一些自我发展方面的建议。在这些建议中，我听得最多的一句话就是"Find your passion"（找到你的激情）。

说实话，我当时听到这个建议的时候，总觉得它有点"鸡汤"的感觉，因为激情这个东西太虚了，说了跟没说一样。我们也常常会听到类似"找到你的激情"这样的建议，但没有人能准确地告诉我们激情到底是什么，以及怎么样才能找到激情。

随着这几年的学习和思考，我似乎对"激情"慢慢地有了自己的认知和理解，也开始认同"找到你的激情"这样的说法，不过在我看来，"找到激情"指的并不是找到某件具体的事情，而是找到一种人生状态。如果用一个简单的词来形容这种状态，我觉得应该是"自我驱动"。这种自我驱动的能力，才是未来社会所需人才最为关键的能力。

为什么这么说呢？听完接下来的这个故事，你或许就会有所理解了。

## 从"坏学生"到学霸的逆袭故事

《一刻 talks》曾经办过一期主题为"未来教育"的演讲，邀请了几位教育领域的专家，共同探讨当前教育的机遇与挑战。当中有个演讲令我印象极深，演讲者是斯坦福大学女子网球队前队长李若琦。整个演讲虽然只有短短十几分钟，但它给了我极大的触动和启发，因为它让我看到了教育应该有的样子。

李若琦出生在广东。在幼儿园的时候，她因为调皮和好动，被老师视为"以后不会有出息的孩子"，在老师看来，那些听话、比较乖的孩子未来才更有成就。李若琦的妈妈知道了后，并没有站在老师这一边，而是选择让她转学，但是换了一个幼儿园之后，李若琦依然被视为"会影响其他小朋友的坏孩子"，得不到老师的重视。后来，她妈妈索性带她去了美国加州。

到了加州之后，李若琦觉得这里简直是天堂，因为这里的孩子不仅没有太多作业，还会有很多时间做自己喜欢的事情。就是在那个时候，李若琦第一次接触到了网球，并爱上了打网球。

此外，李若琦还体验到了完全不同的教学方式，给她印象最深的是，有个学期，老师布置了一个任务——要求大家去创造一个产品，一个能够让自己的生活变得更美好的产品。接到这个任务之后，李若琦就开始思考要做什么产品。当时有件事情让她特别苦恼，那就是，打网球时很多球她都够不着（那时的她还只有 9 岁），她想，如果能够创造一个更长的网球拍，那么以后不管对方把球打到哪里，她都够得着了，这样的话，她的生活就能变得更美好。

等到大家有了产品想法之后，老师并没有让大家马上开始做，而是跟他们说："你们的想法都很好，但是你们现在对发明创造还完全不了解，在做产品之前，你们得先知道发明是什么，要了解一下人类历史上都有哪些伟大的发明和发明家。"于是，老师把全班都带到了图书馆，告诉大家应该怎么做研究、写报告，并要求说，只有等报告通过之后才能做自己的产品。

李若琦特别想把自己的产品做出来，所以她很快就把研究报告写完了。紧接着，她花了几天时间去旧家具店找改造网球拍的工具和材料，并最终成功地做了一个比原来的网球拍长一倍的拍子。

产品做出来了之后，老师又提出了新的要求：只有样品还不行，你还必须证明你的产品真的能够用，才能得到学分。于是，李若琦便带着大家去球场做示范，证明了这个网球拍的确是可以打球的，而且真的能帮自己接到更远的球。

李若琦说，这次经历给了她非常深远的影响，让她学会了如何跟随自己的兴趣和好奇心去主动学习。

12 岁的时候，李若琦的父母发现她在网球上非常有天赋，而且她自己也特别热爱网球。可问题是，传统学校并不支持她花那么多时间去练球。这个时候，李若琦的父母做出了一个大胆的决定：让她退学，然后跟着远程教育自己学习。从那以后，李若琦便脱离了传统教育，在自学的同时，开始全世界打比赛。

在谈到这段经历的时候，李若琦特别自豪地说："当时的我，虽然在课堂知识的掌握上不如同龄人好，但是我的生存能力、解决问题的能力绝对比他们强，因为我知道怎么在陌生的国家换货币，怎么和不同语言的人交流，怎么找地方住，怎么安排自己的学习，怎么安排打球的时间。这些经历教会了我很多，对我来说，整个世界就是我的课堂。"

可是，脱离传统教育的她最终又是怎么进入斯坦福大学的呢？

原来，18 岁的李若琦在打美网青少年赛的时候，被斯坦福大学的网球教练注意到了。比赛之后，教练就找到她，让她考虑申请斯坦福大学，因为斯坦福大学的女子网球队是全美最好的。

当李若琦把这个消息告诉身边的朋友时，大家都开玩笑地说："你一个从没上过学的人怎么能去斯坦福大学呢？"尽管如此，李若琦对自己还是有信心的，而且她也很想加入斯坦福大学的女子网球队，于是她开始花大量精力在申请上。

在申请的过程中，她逐渐意识到，斯坦福大学真正看重和想要的，其实并不是"学霸"，而是能够集中精力做一件事情，把它做到极致的人。正是因为有过这样的经历，她最后才被斯坦福大学录取，而且还拿到了运动奖学金。

进入斯坦福大学之后，李若琦被选为女子网球队队长，带领队伍多次获得全美冠军，更了不起的是，在保证网球训练和比赛的高强度压力下，她只用 4 年半时间就修完了本科和硕士研究生全部课程。

## 学习，是为了解决实际问题

我不知道你听完李若琦的故事之后会有怎样的感触，有些人可能会感叹：一个曾经被老师认为"将来不会有出息"的、几乎没有怎么在学校念过书的孩子，居然最后能成功地被世界顶级大学录取。

但对我来说，最触动我的并不是她最后成功地申请上了斯坦福大学，而是她提到的那个创造产品的课程，以及她的那句"我……在课堂知识的掌握上不如同龄人好，但是我的生存能力，解决问题的能力绝对比他们强"，因为这种创造能力和解决问题的能力，正是我们这些在传统课堂教育中长大的孩子所不具备的。

我特别羡慕李若琦能够有这样的学习和成长经历。我想，如果我们以前接受的教育也是这样的该有多好，这样的话，学习就不会那么枯燥乏味，我们也就不会在学了那么多年之后，依然不知道自己喜欢什么，也不知道那些在课堂上学到的知识，除了能够用来应付考试到底还有什么用，更不会在工作和生活中遇到实际问题的时候，总期待着有人能给我们"标准答案"，却从不知道自己去主动思考和学习。

从某种程度上来说，我们现在所面临的种种自我发展的困境，比如不知道自己想要做什么，找不到意义感，缺乏积极主动的意识和自我驱动的能力，以及遇到问题不懂得如何去思考和解决等，都与我们所接受的那种机械的、填鸭式的应试教育有关。

很多人也许不知道，这种教育模式实际上是工业时代的产物。我们现在看到的大众教育系统并不是自古就有的，而是近代才发展出来的，也就是在十八十九世纪。它的出现本质上是为了迎合由欧洲各国和美国的工业革命主宰的时代的经济利益。这种教育最突出的特点就是强调数学、科学和语言技能，因为这些是工业时代的工作基础。

在中国，现代大众教育发展得更晚，20世纪50年代才开始，而且那个时候中国正处于重新建设国家的时期，急需各领域的专业人才，特别是工程师之类的人才。这就是理工科会那么受欢迎的原因，因为大家都相信只要学的是理工科，那么就不愁没有工作，这也是为什么"学好数理化，走遍天下都不怕"这句话会在学生中广为流传。

正是出于这些原因，数学、科学和语言技能一直位于学科层次结构的顶部，人文学科次之，最不受重视的就是艺术。在这种环境下，智力被解释为一种以语言能力和数理逻辑能力为核心的整合的能力，而且，所有教育系统都依赖于标准化考试，以此来对学生进行等级划分，成绩成了一个人优劣水平的体现。

这种应试教育在工业时代或许是合适的，因为那时候的工作本身就是标准化和流程化的，工作中的问题也基本上是明确的和固定的，你只需要掌握了相关的专业知识和技能就能把要做的工作做好。

然而，随着科技的不断进步和快速发展，整个商业环境都充满了不确定性，在这种情况下，工作是很难被标准化和流程化的，因为你遇到的问题大多都是全新的，是没有经验可循的，这就意味着你的工作不再是简单地执行别人给的"解决方案",而是需要自己去先明确问题,然后再想办法解决问题。

遗憾的是,绝大多数人都不具备解决实际问题的能力,因为我们基本上没有得到过相关的训练。我们过去所有的学习都是为了考试,我们也只会解答那些已经定义好的数学、物理或者化学问题,却不知道学习与解决实际问题有什么关系,也很少为了解决某个实际问题而去主动学习和思考过。

说到这里,我就不得不称赞一下李若琦提到的那个创造产品的课程,因为这个课程就把学习、思考与解决实际问题完美地结合在了一起。在这个课程里,老师通过给出一个具体的任务,即创造一个让自己的生活变得更美好的产品,激发了孩子们的好奇心,鼓励他们去发现生活中的实际问题,然后再一步步引导他们去研究、思考,并提出解决方案,最后再通过行动和实践将自己的解决方案变成一个具体的产品。在这个过程中,孩子们不仅收获了乐趣和成就感,还学会了如何通过思考和行动来解决具体的问题,让自己的生活变得更美好。

我觉得,这才是教育应该有的样子,教育就应该是以有意义的或者有趣的问题为中心,以此激发我们的好奇心。有了好奇心之后,我们的自主性才会出来,才会有解决问题的动力,才会为了解决问题而去主动思考和学习。通过这种方式学到的知识,就不是零散的和相互孤立的,而是能够按照它们固有的内在逻辑连接在一起。

可传统的教育方式恰恰相反,我们在学校接触到的大多是彼此割裂的学科,学到的都是一些碎片化的知识和公式。这样的知识对于我们理解世界和解决实际问题没有太大的帮助,因为真实的世界不存在学科之分，它是一个整体，是一个极其复杂的系统，而现实生活中所有的问题都是复杂的和多维度的，这些问题是没有办法单从一个学科的角度去理解和解决的。

芒格有句话说得特别好："如果你手里只有一把锤子，那么你看什么都是钉子。"的确如此，一个人理解问题和思考问题的方式，必定会受到他思维模式的限制。所谓思维模式，指的是对底层规律的理解，或者换句话来说，就是能够透过表面现象看到问题的本质。这种能力绝不是记一堆孤立的知识点就能获得的，你需要从系统的角度，去理解知识之间的深层次的连接。只有理解了深层次的连接，你才有可能看到深层次的东西。

关于教育，北大教授裴坚也曾经表达过类似的观点，他说："教育不应该再强调学习多少具体的学科知识，而是应该树立起一个对学科的认知，以及对这个学科到底是怎样的发展思路有个大体的了解，了解学科里最基本的发展规律，老师教给学生的不应该是如何解答某个具体问题，而应该是解决方案的设计思路，这是细枝末节的知识点无法解决问题的关键。"

其实，在这个互联网技术高度发达的时代，知识本身已经变得越来越不重要了，因为知识非常容易获得，我们需要的时候随时都可以在网上找到。我们去学习，并不是为了积累更多的知识，而是为了解决问题，所以问题应该是先于学习的，有了问题，我们才知道要学什么，学习本身才有了实际的意义。然后，我们才能在一个一个小问题的思考和解决过程中，慢慢找到一些底层的规律，发展出新的思维方式，并最终拥有解决复杂问题的能力。

但我发现，即便是现在，很多人还是不懂得这个道理。对大多数人来说，学习和解决问题依然是分开的：学习的时候，头脑中是不带任何问题的，仅仅是为了理解和记住某些知识点，而遇到实际问题的时候，不是陷入焦虑，就是选择逃避，却不懂得通过主动思考和探索，以及通过学习相关领域的知识的方式去尝试解决问题。

## 天赋、能力与成就

如果说让人失去好奇心和自主性是传统教育模式的一个主要弊端，那么在我看来，它的另一个弊端，就是让人迷失自我。

说回李若琦的故事，她的故事中还有一个特别触动我的点，那就是她妈妈非常支持她的天赋发展，甚至在学校教育与她的天赋发展出现冲突的时候，她妈妈竟然做出了让她退出传统学校教育，通过在线教育自学的决定。不得不说，这个决定非常大胆，这或许与她妈妈本身的性格有关，但如果不是她妈妈的这个决定，我估计李若琦靠学习成绩很难进入斯坦福大学，更不会年纪轻轻就在网球上取得那么大的成就。

当然，我并不是要鼓励这种做法，也不认为发展天赋就一定要放弃学校教育，而是想说我们不应该为了所谓学习成绩而放弃自己的天赋发展，这两件事情是完全可以同步进行的。实际上，天赋发展本身就应该是教育的核心内容，因为我们受教育的目的就是让自己各方面的潜能得以发展。

说到这里，我想解释另一个问题：是不是小时候有什么天赋，长大了就一定要靠它"吃饭"，或者只能靠它"吃饭"呢？之所以想说这个问题，是因为很多家长不愿意让孩子发展某个领域的天赋，是担心孩子以后没有什么前途，或者未来发展的道路太窄。

在回答这个问题之前，我们有必要先了解一下天赋（aptitudes）、能力（abilities）和成就（achievement）之间的区别与联系。

很多人容易混淆天赋和能力，认为它们是相似的概念，其实不然。天赋代表的是一种天生的原始潜力，是你一出生就具备的，能力则是后天发展而来的，它往往需要通过大量的学习和练习才能获得。

在某个领域有特殊天赋，仅仅意味着你会很容易对它感兴趣，而且会比大多数人学得更快、掌握得更好，但你依然需要投入大量时间去发展这种天赋，这样你才能把这种天赋转化成个人的才华与优势。举个例子，天生就擅长数学的人不一定就会成为数学家；天生就善于画画的人也不一定就会成为画家。

反过来，在某个领域不具备特殊天赋，也并不意味着你就无法拥有相应的才能。只要你懂得如何学习，并且愿意努力，你同样可以把它掌握好，只不过相比那些有天赋的人，你需要付出更多的时间和努力。

那么，是不是有了能力就一定会有成就，一定会获得经济上的回报呢？当然不一定，因为能力只意味着你能把某些事情做得很好，但是想要拥有人生成就，想要获得经济上的回报，光有能力还不够，你还必须把这种能力转化成社会所看重的、对他人有价值的成果。

这种转化并不容易，因为它不是光靠一种或者几种具体能力就能实现的，而是需要依赖更为全面的心智能力，比如理解和思考问题的能力，计划和执行能力，自我激励的能力，快速学习和从经验中反思的能力，深度工作的能力，以及创造力，等等。简言之，它需要我们拥有一种能够朝着自己心中的某个目标，持续积极探索和行动的精神，这就是所谓激情，或者说自我驱动的能力。

明白了这些之后，再回到刚刚提出的问题，我们就会发现，天赋的发展和"未来要做什么""未来会不会有成就"之间并没有那么强的关联，就像很多人现在从事的工作和大学时的专业没有任何关联一样。

既然如此，那么还有必要去发现和发展自己的天赋吗？答案是，有必要，特别是对小孩子来说，因为在我看来，发展天赋的意义不是为了找到未来的人生方向，而是为了找到自我。这种自我，既包括了对某个重要目标的执着追求，又包括了能够让我们与其他人区分开来的独特优势，还包括了一种自信、不为自卑感所困的人格特质。

天赋给予一个人的并不仅仅是潜能，更重要的是，在有天赋的领域，你会感受到一种强大的天然的热情，这种热情会让你心甘情愿地投入大量时间，会推动你不断朝着更大的挑战前进，会让你勇于面对失败，即使遇到再大的挫折也绝不退缩。当你在某个领域投入了大量的热情和时间之后，你自然就会拥有属于自己的独特优势。

这样的经历和独特优势对任何一个人来说都是极其宝贵的，因为它会给人带来清晰的自我认知，即知道自己喜欢和擅长什么，以及成就感和自信，即知道自己是有能力的、有价值的。这些对自我的持续成长和发展来说都是非常重要的，因为当一个人有了自信之后，在困难面前，他就不会那么容易放弃，而是会竭尽全力把自己想做的任何事情做好。

你有没有想过，为什么李若琦在几乎没怎么在学校念过书的情况下，敢于申请斯坦福大学，并且能用 4 年半时间修完斯坦福大学本科和硕士研究生的全部课程？原因就在于，她在天赋发展的过程中，已经培养出了实现任何目标都需要的底层能力与精神。

说实在的，现在很多人感到自我迷失和没有自信，一个重要的原因就是在成长的过程中，缺乏这种因为热爱而在某件事情上长期投入的经历，以及这种因为长期投入而获得的成就感与自我独特性。

## 最重要的个人资本

最近这两年，我自己也一直在思考这个问题：未来的人才应该是什么样的？我曾经认为，是否拥有学习能力、解决问题的能力以及创造力是未来人才的关键，因为有了学习能力，我们就能跟随时代的需求不断自我更新，而有了解决问题的能力和创造力，我们就能把自己的知识和技能转化成有价值的东西。

然而在李若琦的故事的启发下，我却有了不一样的答案，我觉得未来社会真正需要的应该是有激情、有好奇心和自信的人。

别误会，我并不是说上述几种能力不重要，它们当然是非常重要的，只是如果没有激情、好奇心和自信做支撑，上述几种能力是很难真正发展起来的。

就拿学习能力来说，人类的大脑其实天生就具备很强的学习能力，学习可以说是大脑的本能，但问题是，这种能力只有在拥有强大内驱力的情况下，比如在兴趣、好奇心的驱使下，才能充分发挥出来。

其实，很多时候孩子学习成绩不好，不是因为他们真的智力水平不够或者学习能力不强，而是因为他们不感兴趣，他们不知道自己为什么要学习这些东西。同样的道理，很多时候我们无法将一件事情坚持学下去，不是因为我们学不会，而是因为我们没有足够的激情和动力，或者缺乏战胜困难的勇气和自信。

再说说解决问题的能力。解决问题的能力并不是一种单一的能力，它实际上综合了思考能力、学习能力和创造力，而这些能力的发展全都依赖于好奇心与自信：你的脑子里必须先有问题，而且你必须相信自己有能力解决这个问题，你才会去思考，然后跟随自己的思考去研究和学习，等到有了足够多的思考和知识积累之后，你才能充分利用自己的创造力，给出答案或解决方案。

遗憾的是，教育原本应该帮助我们保护好这份好奇心，帮助我们在天赋和优势的发展中找到自信，但事实正好相反，教育模式扼杀了太多人的天赋、热情和好奇心，让人在标准化的考试和成绩排名中逐渐迷失自我。

如今，面对一个越来越不确定的未来，大家都开始把目标转向学习，想要通过持续学习来跟上时代的步伐，但我认为，相比如何提高学习能力这个问题，更值得我们关注的，应该是如何让自己成为一个自信的、拥有自我驱动能力的人。只有这样，我们才不会总是因为害怕落后而去学习，而是会因为想要解决问题而去学习，这样的学习才是真正有意义的，我们才能以此锻炼出强大的解决问题的能力和创造力，成为新时代所需要的人才。

# 好工作，
# 从来不会从天而降

　　问你一个问题：你喜欢自己的工作吗？我相信你的答案十有八九是否定的。我之所以那么肯定，是因为我在写公众号的这些年接触了很多年轻人，也时不时会收到他们的提问，这些问题不少都与职场和自我发展有关，而其中最常见的问题就是"不喜欢自己的工作怎么办"，以及"怎样才能找到自己喜欢的工作"。

　　每次遇到这样的问题，我都会反问对方一句："你觉得自己可以为他人提供怎样的价值，解决怎样的问题？"这个时候，对方通常都会愣住，很显然，他们从来没有思考过这个问题。

　　其实，我的反问当中就已经暗含了我对这个问题的回答，只不过这个回答给予的并不是具体的做法，而是一种全新的视角与思维方式，即从关注世界能给自己带来什么，到关注自己能给世界带来什么，这种思维不仅对我们的自我发展至关重要，也能帮我们最终找到自己热爱的事业，通过做自己认为有意义、有价值的事情来实现自己的社会价值。

## 没人欠你一份好工作

大多数人不喜欢自己工作的原因都是相同的，因为工作缺乏自主性和挑战性，比如无法自主地选择工作内容，总是要被动地接受很多自己不喜欢做的事情，这些事情单调又重复，不能给自己带来任何成长。

但是换个角度想想，这实际上是一件非常合理与正常的事情，因为公司雇你，是让你来干活的，公司没有义务让你开心，或者只做你喜欢的事情，也没有义务给你提供成长的机会。你和公司之间是一种公平的交换关系——你付出劳动，公司给你相应的酬劳。

毫无疑问，没有人喜欢被束缚，也没有人愿意做自己不喜欢做的事情，我们都渴望自由，渴望拥有自主性，但问题是，自由不是免费午餐，它是有代价的——你必须独立面对风险，比如没有固定收入的风险。比方说，我现在处于完全自主的状态，但我必须努力想办法为自己创造收入，因为没有人每个月给我发工资。

要知道，成为公司雇员的一个最大好处就是不需要独立面对风险，因为你不需要想怎么去赚钱，只需要把公司安排给你的任务做好就能每个月拿到固定的工资，还能得到各种福利和保险。即便是公司因为市场的变动而出现了业绩下滑或者亏损，你的收入也不会受到影响，你依然可以拿到那份属于自己的固定工资。

　　不过想要每个月拿到稳定的固定工资，你就需要为此交出部分自主权——你必须听从公司的安排，并且努力完成公司交给你的任务。这个世界是很公平的，有得就必有失。如果想要自由，那就得放弃稳定，直面风险，但如果想要稳定，希望他人为自己抵挡风险，那就不得不失去一部分自由。

　　那么，有没有更好的选择呢？能不能在拥有稳定收入的同时，在工作内容和工作方式上拥有更多的自主选择权，或者能不能在选择自由的同时，尽可能降低收入不稳的风险？

　　答案是肯定的，但是这里有个重要的前提条件，那就是你必须足够优秀——优秀到不能被忽视，或者换句话说，你必须有自己不可替代的价值，比如掌握了某种稀缺而宝贵的技能，只有在有了足够多的职场资本积累之后，你才能拥有一些不错的选择，然后，你才有可能从中找到更为合适的、能够让你充分发挥自身价值的工作。

　　想让自己在某方面有所擅长，特别是拥有不可替代的价值，这不仅需要时间，而且需要你主动去分析和思考哪些是能够给自己带来独特优势的高价值技能，并有意识地去培养和训练这些技能。一旦拥有了这些技能所产生的职场资本，你便可以用它来获取在工作内容和工作方式上的自主性。

　　所以，在抱怨工作之前，不妨先问问自己这样一个问题："我是不是一个很多企业都想争夺的人才？"如果不是，那就意味着你在职场上并没有太多竞争优势，还处于职业发展的起步期。这个时候，你最需要关注的不是"我真正热爱什么"，或者"我适合什么样的工作"，这样的思考只会让你永远处于不满和困惑的状态，而是要问自己："我怎样才能让自己优秀到不能被忽视。"

其实，过于在意自己是否喜欢现在的工作，反而会给你的自我成长和发展带来阻碍，因为这会使你总是习惯性地去关注工作中自己不喜欢的方面，从而导致自己长期处于不满的状态。初级职位尤其如此，因为从职责上来说，这些职位不会被分配太多有挑战性的项目以及自主权——这些是以后的事情。如果你带着"我要找到自己喜欢的工作"这样的思维进入职场，那么分配给你的那些"烦人"的任务，或是在公司管理体系中遇到的挫折，都会让你应付不过来。

所以，如果现在的你还没有优秀到不能被忽视，那么我建议你不要总是去担心工作是不是真的适合自己，也不要总去想自己喜不喜欢这份工作，而是要俯下身子，努力让自己真正优秀起来。要知道，没人欠你一份好工作，好工作是需要自己去努力争取的，而且这个过程不会一帆风顺。

## 起步期：满足基础因素

当然，我建议你别过于在意自己是否喜欢现在的工作，并不是说，不管现在的工作怎么样都要接受。"不喜欢"其实还可以进一步划分成两种类型：讨厌（不满）和不讨厌但也不喜欢（没有感到不满）。

这种分类方法，源于美国行为学家弗雷德里克·赫兹伯格（Frederick Herzberg）提出的双因素激励理论（dual-factor theory）。赫兹伯格的理论认为，一个人对工作是否感到满意，和是否感到不满是由不同因素决定的，它们有着独立的评判标准，也就是说，一个人对自己的工作没有不满，并不意味着他就对自己的工作感到满意。

通常来说，"不满意"都与一些基础因素有关，比如薪资水平是否能够满足自己的消费，是否拥有安全舒适的工作环境，是否与上司和同事有融洽的关系，等等。这些如果没有得到解决，你就会对工作产生不满，但是单有这些还不足以让你喜欢上这份工作。

那么，真正让我们感到满意并爱上工作的因素到底是什么呢？赫兹伯格把这些因素称为"动力因素"，它包括：有挑战性、责任感、个人成长、获得认可等等。

如果你感觉不喜欢自己现在的工作，你可以深入地问问自己：不喜欢是因为没有满足感，动力因素没有得到满足，还是因为讨厌，基础因素没有得到满足？

如果你是因为得到的薪水远低于你的价值，或者实在无法忍受自己的上司、抑或是因办公室政治斗争太严重而不开心，那么在这种情况下，你最好选择离开，重新找一份能够满足基础动因的工作，因为这样的环境会严重影响你的精神状态和心理健康。

但如果你是因为动力因素没有满足而不开心，那么在自己优秀到不能被忽视之前，先实际一点，只要确保此时的工作能够满足你的基础因素就好，因为你现在还没有资格提出更多的要求，然后停止抱怨，把注意力转移到实力的积累上。

## 积累期：创造动力因素

假如你对自己的工作并没有感到十分不满，只是没有满足感，那么就不要想着通过换工作来提升满足感，而是要从"找到正确的工作"的思维模式，转到"正确地工作"的思维模式中，因为你此时需要的不是什么"完美的工作"，而是以一个更好的方式来对待现有的工作，然后在工作中努力积累实力和创造优势。

不过你要意识到，这个积累和成长的过程不会自然发生，你的能力并不随着你工作年限的增加而提高——我们见过太多工作很多年，但是能力几乎没怎么增长的人——所以，你需要主动投入精力，有策略地去发展自己的能力。

一谈到自我成长和能力发展，很多人觉得可能需要利用额外的时间去学习某些技能，其实根本就不需要。曾经有个朋友找我探讨职业发展的问题，她说自己并不讨厌自己的工作内容，只是期望工资能够再高一些，她目前的薪资与她所期望的薪资之间有一万元的距离。我说："很好办呀，你就想象自己已经拿到了想要的工资，只不过你每月给公司交了一万元的学费，所以，你现在就是要努力把等值的东西学到手，因为这个学费不能白交。"

这可不是玩笑话，而是非常实用的建议。

关于个人能力，我们需要意识到这样一个非常重要的趋势，那就是未来职场会越来越看重一些软性技能，因为很多执行类、技术类工作一定会慢慢被人工智能取代。那么，哪些技能是机器无法习得的呢？主要是一些与非线性思考，比如创造力、思考和解决问题的能力，以及与情感相关的能力，比如情绪管理、沟通、领导力以及表达，等等。

从这个角度来说，公司本身就是一个最佳的学习和自我训练的场所，因为工作的本质就是解决问题，公司每天都会有很多问题需要解决，解决问题实际上就是一个训练思考能力和创造力的过程。另外，公司中必不可少的日常活动就是与人沟通和协作，我们其实可以把每次和老板、同事沟通，以及每次协作都看作一次练习自己情绪管理、沟通和表达能力的机会。

如果能尝试从这个角度去看待自己的工作，把工作中遇到的所有困难都当作学习和成长的机会，那么你便不会因为没有满足感而抱怨自己的工作，因为通过主动为自己设定挑战，你就能在工作中获得足够的动力因素。

回顾我自己的职场成长历程，我发现，我对商业本质、公司管理和运营，以及资本市场的思考和理解都是之前在工作中逐渐积累起来的。

我曾经在几家规模不同的创业公司工作过，尽管我在公司中只承担着有限的固定职能，但我经常会站在全局的角度去思考公司的商业本质，我会问自己："我们到底在解决一个什么样的问题，我们为用户和客户提供的价值是什么？"我还会观察公司内部管理和运营遇到的种种问题，然后去思考这些问题为什么会产生以及是怎样产生的。此外，我也会去读一些商业类的畅销书，来促进自己思考，比如我当时最喜欢的一本书就是黎万强的《参与感》。

虽说我在创业公司几乎没有学到什么成功经验，然而我积累了大量的失败经验。后来我才意识到，失败经验才是最有价值的，因为它能够帮助我避免在未来犯同样的错误，而且更重要的是，我并不需要为这些失败付出任何代价。这难道不是最好的商学院吗？只要能够转变一下视角，善于利用现有的机会，我们其实可以在工作中学到很多东西。

除了可以在工作中训练那些最重要的软实力，你也可以充分利用工作之余的时间来不断提升自己的相关能力。

从商学院毕业后做第一份工作起，我就一直利用业余时间做各种各样的事情：我曾经组建过不同的团队，创办过两个组织，在这个过程中积累了丰富的运营经验和大量人脉资源，也特别好地训练了自己的组织能力、社交能力和表达能力。我还是最早一批开通公众号的人，通过长期坚持写作，我不仅训练了自己的思考和研究能力，也学会了如何清晰、有逻辑地阐述自己的观点和想法。

尽管我在业余时间折腾的这些副业大多都"失败"了，但我觉得这并不重要，重要的是我从中获得了全方位的自我提升——我把自己训练成了一个能够独当一面的全能型人才，并且积累了足够让我脱离企业组织而生存的资本。

## 等待机遇找上门来

有句话说得特别好：要是你一直在琢磨"我如何才能变得真正优秀"这个问题，别人就会找上门来。的确如此。如果你真的懂得如何主动为自己创造动力因素，并且能够通过给自己设定训练任务和目标来不断提高自己的思考能力、行动力以及与情感相关的能力，那么你就会发现这样一个现象：越来越多的机会开始来找你。这个时候你就不再处于一个被别人挑选的被动状态，而是拥有了主动权和选择权。

当然，这并不意味着你能很快找到让你真正充满热情的事业方向，你依然需要通过行动去试错。说实在的，我并不觉得这个世界上只有一件适合我们做的事情，就像这个世界不存在那个"唯一的人"，你会爱上很多人，而且这个世界上适合你的人也不止一个，可能有不少，你最后会和谁在一起取决于你会遇到谁。

事业也是如此，你最后会做什么其实也存在着一定机遇的成分，取决于你会遇到怎样的机会，以及你是否能够把握住这些机会。事实上，那些找到了自己的人生方向，拥有了自己热爱事业的人，并不是一开始就知道自己要做什么，他们都是在有了足够的经验和能力积累之后，碰上了合适的机遇，才找到了自己真正热爱的事业。

总之，在找到确定的人生方向之前，努力积累各方面的能力总是没错的，毕竟任何职场抱负最终都离不开职场资本的支撑。

# 成为一个精要主义者

塔勒布在《反脆弱》中曾提到这样一个故事：教皇问及米开朗琪罗，他成为天才的奥秘在哪里，尤其是他如何雕刻出大卫雕像。米开朗琪罗的回答十分简单，他说："我只是剔除了所有不属于大卫的部分。"

无独有偶，我曾经在 Coursera（一个公开课网站）上学过一个课程叫作 *Universal Principle of Design*，讲师吉尔·巴特勒（Jill Butler）提到了相同的理念，她认为，所有伟大设计都有一个共同的特征，那就是它们都体现了 progressive subtraction（逐步做减法）的设计原理：优秀的产品设计师会花时间来识别出那些没有多大价值的功能和特性，然后将这些功能去掉，与此同时强化那些有价值的功能和特性，把这些真正有价值的部分做到极致。

这两个故事听上去很简单，但它们揭示了一个充满智慧的深刻道理：我们通过剔除和淘汰那些自己不想要的，来接近自己真正想要的。

假如我们能够从这个角度来思考自己的人生，内心的困惑自然就会少很多，因为困惑大多源于对确定性的执着，是因为我们总想知道"正确答案"是什么，但问题是，关于未来没有什么是确定的，人生既没有固定脚本，也没有所谓"正确答案"。

所以，真正的人生智慧，其实并不体现在知道什么是"对"的，而在于甄别什么是"错"的，然后将其剔除，而真正有智慧的人也一定是那些能够坦然接受不确定性，并懂得如何逐步做减法的人。

不过，这里的关键词并不仅仅是"做减法"，而是"如何做减法"，因为在做减法之前，我们心中首先得有一个属于自己的评判标准，来告诉我们什么是"好"的，什么是"不好"的，什么是值得的，什么是不值得的，以及什么是重要的，什么是不重要的。

不仅如此，我们还得在内心有了答案之后，敢于放弃和淘汰，然后专注于真正值得的事情上。这些才是最难的。想要做到这一点，我们就得训练自己，让自己拥有一种重要的底层信仰，这个信仰就叫作精要主义。

## 精要不等于极简

很多人可能会把精要主义与极简主义等同起来，但在我看来，这两者并不是完全等同的概念。极简主义的英文是 minimalism，minimal 的意思为极少的，所以极简主义本质上是对"少"的一种极致追求，而精要主义的英文是 essentialism，essential 的意思是极其重要的，所以精要主义关注的是"什么是最重要的"。

精要主义绝不是为了少做而少做，而是主张只做真正值得做的事情，它要求我们能够辨别哪些才是真正重要的，然后剔除一切不重要的事物，只把时间和精力花在值得花的事情上。

精要主义的核心在于辨别什么是真正重要的。那么，到底该如何去辨别呢？我们首先需要明白，"什么是最重要的"有两种情况。

第一种情况：我们追求的是某种客观结果，比如公司利润的增长、个人能力的提升、影响力的扩大等等。这个时候，"什么是最重要的"是由客观规律决定的，能否辨别出那个最重要的关键点，取决于我们对客观底层规律的理解，对规律的理解越准确，我们的判断也就越准确，我们就能用更少的时间和精力达成目标。

第二种情况：我们追求的是某种主观感受，比如幸福感和成就感等等。这个时候，"什么是最重要的"就不存在某种普遍的客观规律，而是因人而异，它取决于我们的个人价值观，也就是我们最在乎和最看重的到底是什么。只有当我们的外在选择和努力方向与我们的内在价值观相匹配时，只有当我们能够在自己认为重要的、有意义的事情上取得了成就时，我们才会有真正的幸福感。

不论是哪个层面中，想要成为一个真正的精要主义者都不是件容易的事情，因为它意味着，我们需要与自己的本性进行对抗，这种本性包括认知惰性、从众压力以及虚荣心。

我们都知道，思考是一件极其耗费脑力的事情，不管是理解客观规律，还是深入反思自己的个人价值观，我们都需要花大量精力去进行思考，而大脑又是一个"认知吝啬鬼"，它非常讨厌耗费脑力，为了省力，它往往会选择最舒服，最不费脑力的事情。

对第一种情况来说，认知惰性是主要的阻碍因素，想要突破，我们就得学会如何思考，并且要积极主动地去思考。不过，面对第二种情况，我们需要对抗的阻力就更大了，因为它本质上是一种个人价值观的选择，而选择某种与主流价值观不符的价值观是件极具挑战的事情，它会给我们内心造成非常大的压力。

这种压力来源于进化赋予我们的从众本能，因为在原始社会，个人主义是一件危险的事情，它会导致我们被群体排斥，所以我们会努力保持与他人一致，有了一致的价值观才能融入群体之中，才能更好地生存下去。

不过，我们需要意识到的是，现在时代已经不同了，社会也在变得越来越包容，所以我们是完全有能力选择自己的价值观和自己想要的人生，只要我们能够突破自己内心从众的本能。

除从众的本能之外，虚荣心也会对我们的思考造成阻碍，虚荣心本质上源于我们的自尊需求，源于我们对他人的认可以及更高地位的渴望。这种本能会促使我们去追求一些与"面子"有关的目标，比如更高的职位、更高的收入、更大的房子、更大规模的公司等等，而这些东西很多时候可能并不能给我们带来真正的幸福感。

明白这些道理之后，我们便能清楚地了解自己的"敌人"到底是谁。不过，知道敌人是谁还不够，想要成为真正的精要主义者，我们还得训练对抗敌人的能力，这些能力主要包括：学会问关键问题，学会拒绝和放弃，以及学会专注和投入。

## 关键时刻与关键问题

所有的精要主义者，几乎都是从非精要主义者一步步成长过来的，因为没有人一开始就知道什么是真正重要的，而且我们通常都需要在不重要的事情上浪费很多时间和精力之后，才会真正懂得精要主义的价值与意义。

要成为精要主义者，我们就得时常问自己这样一个关键问题：什么才是最重要的？不过，我发现大部分时候人们都不会去主动思考这个问题，除非人生中发生了某个特殊事件，比如遇到了突如其来的意外，遭受了重大挫折，导致原有价值体系发生崩塌。我称这些时刻为关键时刻，这个时候人们通常会对自己的某些信念和价值观产生怀疑，并开始向内反思。

这些时刻也许是非常痛苦的，但同时也是极其宝贵的，如果能够把握好这些关键时刻，我们就能深刻地明白对自己来说真正重要的到底是什么，并依此重塑自己的价值观，然后开始把注意力转移到真正值得做的事情上。

事实上，我就是在这一次又一次的关键时刻中慢慢成长起来的。过去的这些年，我经历过很多次艰难的关键时刻，每当这个时候我都会问自己：到底什么才是最重要的，我真正想要的是什么？这一次次的自我反思，让我学会了直面自己的虚荣、脆弱和恐惧。我发现，只有战胜它们，我才能听到自己内心最真实的声音。

我在成长过程中遇到的第一个关键时刻，是一次严重的人际关系危机。那个时候，我正处于人生的一个巅峰期，我创办的社交组织非常成功，这让我变得小有名气，甚至有些自我膨胀。然而，当时的我还并不了解人际关系复杂的一面，所以面对突如其来的指责、流言和背叛，我完全不知所措。这时我才意识到，原来那些让我引以为豪的关系和人脉竟然是如此脆弱。

尽管我很伤心，但这件事给我带来了深刻的觉悟，我告诉自己，我不应该再把精力浪费在这些脆弱的人际关系上，而是要投入到稳定不变的、我自己可以掌控的事情上。于是，我选择退出自己一手创办的社交组织，停止一切不必要的社交，并把所有精力都投入到自己身上。我开始读书、思考和写作，开启了自己的自媒体之路。

现在回头来看，当初若不是那次人际关系上的危机，我可能不会意识到自我投资的重要性。事实证明，这种转变是非常明智的，因为这在如今这个时代，认识谁已经没有那么重要了，你是谁才是最重要的。

我遇到的第二个关键时刻是我在自媒体道路上经历的一次严重失误——我曾经在认证微信公众号的时候，错误地把公众号名字"Susan Kuang"换成了公司的名字"XXX 有限公司"。这是一个不可逆的错误，所以我当时只有两个选择：要么放弃个人品牌，以公司的名字继续运营，要么放弃积累了一年的粉丝，从零开始。我心里很清楚，个人品牌是非常重要的，但我无法舍弃辛苦经营了一年才积累的粉丝。

这个时候，我问自己："这些粉丝真的有那么重要吗？"提出这个问题之后，我很快就意识到，其实真正重要的不是这些粉丝，而是文章所体现出来的精神和思想，他们是因为内容而选择关注我的，只要这些还在，就算是重新开始，有认同感的人还是会被重新聚集起来的。明白这个道理之后，我便毫不犹豫地选择了重新开始。不仅如此，我还放弃了在运营上的投入，把所有精力都放在内容的创作上，开始坚持原创。

我遇到的第三个关键时刻，是我思考是否要彻底离开职场，成为独立创业者的那几天。我不得不承认，当初提出辞职的确有一部分冲动的因素，所以当时的我完全没有做好离开职场的心理准备。

尽管我有足够支撑自己好几年的积蓄，暂时不存在经济上的压力，但是突然间失去稳定的收入，还是会让人感到有些不安。这种不安使我产生了很多担忧，我甚至会去想象一些极端事件，比如我当时最害怕的事情，就是怕自己会突然患上绝症没有足够的钱去医治。

就在我开始犹豫是否真的要坚持这个决定的时候，闺密跟我说了这样一句话："没有钱治，那就不治了呗。"这也许仅仅是她的一句玩笑话，但这句话让我从死亡的恐惧中走了出来。就在那一瞬间，我突然意识到，真正可怕的其实不是死亡，而是当死亡来临时，我们才发现，我们竟然从未以自己想要的方式活过。

那一次的思考让我建立起了属于自己的生死观，我告诉自己：真正重要的不是活着，而是没有遗憾地活着，虽然我没有办法选择生命的长度，但我可以选择如何去度过这有限的生命。在那之后，我便开始拒绝为他人而活，拒绝被主流价值观绑架，并把"没有遗憾"定为自己最重要的人生信条。就这样，我成了自己人生的主人，并且提前过上了自己想要的生活。

我遇到的第四个关键时刻可以说是我迄今为止最痛苦的一次经历。那一次，我真的以为我会失去妈妈，失去这个给我带来如此多欢乐与爱的家。庆幸的是，在经历了一段不堪回首的痛苦磨难之后，我们又重新拥有了曾经的一切。这种失而复得的幸运，让我们对如今拥有的一切都倍感珍惜，也让我有了非常强的责任感。我决定不再把陪伴父母这件事情推到未来，而是现在就去做。

我花了整整一年的时间陪伴他们，和他们共同度过了许多美好的时光。即便之后因为事业发展的需要，我还是得与他们分开，但是我每天都会花时间和他们通话聊天，让他们觉得女儿就在身边，而且我每个季度都会回家看一次他们。

不得不说，在我整个成长过程中，"什么才是最重要的"这个关键问题扮演了至关重要的角色。它就像一个潜伏在我身边的智者，每当我迷茫的时候，它总能跳出来，给我方向和力量。如今，我已经把它内化成了我的思维习惯，所以我在生活和工作中很少纠结，因为当你清楚了什么才是最重要的之后，不管面对怎样的选择，答案都是十分明了的。

## 不是确定的 YES，就是肯定的 NO

不过话又说回来，明白了什么是真正重要的，并不意味着我们就真的能把时间和精力都花在这些重要的事情上，因为我们每天都会遇到各种各样的邀请、请求，甚至是看似不错的机会，我们也很可能会因为禁不起诱惑，或者害怕失去而接受。除此之外，有些事情就算不值得再投入，我们也可能会因为已经付出了很多精力而不愿意放弃。所以，成为精要主义者的另一个重要技能就是学会拒绝和放弃。

只有学会拒绝，我们才有可能成为自己想要成为的人，拥有自己想要的生活，因为拒绝赋予我们自由，让我们免受琐事的干扰，并专注于更有效、让我们更健康和更快乐的事情。然而，大多数人总是会因为不懂拒绝和放弃，而让自己时常陷入各种悔恨或者不重要的琐事之中。

通常来说，人们不懂得如何拒绝是因为这两个原因：第一，被诱惑所吸引；第二，害怕失去。其实，只要转变一下看待问题的视角，我们就会发现拒绝并没有那么难。

先说说诱惑。生活中，我们经常会遇到一些看似不错的机会。对这些机会说不之所以很困难，是因为我们脑子里想到的都是这些机会可能会给自己带来的好处。然而，很多人都没有意识到的是，所有机会都是自带成本的，因为我们的时间和精力是有限的，把时间花在一件事上就意味着我们将失去做其他事情的机会，说不定那些事情能够给我们带来更大的收益。所以，我们在选择机会的时候，一定要想想自己必须为此付出和牺牲什么，这些牺牲到底值不值得。

举个例子，我经常会收到很多做课程或者做分享的邀请，这些机会可能会给我带来一些收益，但是我必须为此花费很多时间，这些时间我原本是计划用来思考和写作的。我自己清楚，我现阶段最重要的事情就是创建一套关于自我成长的理论和实践体系，这是我未来事业的根基，也是此时我可以做的，能够给我带来最大收益的事情。为了眼前的小利益而牺牲未来的长远利益是非常不明智的。所以，面对这样的邀请我都会毫不犹疑地拒绝，或者是推迟合作。

关于怎样拒绝诱惑，有两个策略可以帮到我们。第一个策略就是，不管面对什么样的邀请或机会，我们都把头脑中的默认回复设定为"不"。如果我们能够找到足够的理由来说服自己把"不"改为"好"，那么再接受。第二个策略就是，如果面对一个邀请，我们心存犹豫，那么就千万不要接受。记住这句话："如果答案不是一个确定的 YES，那么就应该是一个肯定的 NO。"

再说说失去。除诱惑之外，很多时候我们接受某个邀请或者请求，其实是因为害怕失去，我们担心拒绝之后，会失去这段关系或者某种有价值的东西。这种情况我们应该怎么办呢？

事实上，我们完全不必为此担心。首先，这段关系如果会因为你的拒绝而受到影响，那么这段关系本身的意义就不大。其次，个人的品格和才能才是吸引他人的关键，只要你拥有这些，那么就一定会有很多人愿意与你建立关系，你根本不用担心会失去。而且，拒绝有时反而会让他人更加尊重你和你的时间，因为懂得拒绝的人一般都是很有原则、懂得管理时间的人。

关于失去，我特别喜欢陈果的一句话，她说："人的成熟和强大，恰恰在于培养起了这样一种能力，那就是学会承受失去的能力，然后承受完这种失去，带着这种失去继续去生活，继续去创造美好。"人这一辈子的时间和精力是有限的，只有懂得舍弃，我们才会懂得专注，才不会把宝贵的时间浪费在纠结上。

如果说拒绝的意义在于不轻易做加法，那么放弃的意义则在于明智地做减法，它们本质上都是对时间的更合理的利用。我觉得，关于时间，每个人都应该培养起这样一种思维意识，那就是，时间是我们最宝贵的资产，而我们做的每一件事情都是有时间成本的，因为这段时间我们可以用来做其他事情。所以，我们必须确保这件事情是真的值得花时间去做的。一旦有了这种意识，我们就会更加珍惜自己的时间，并且会经常去反思做某件事情的意义。

当然，在我们还不知道哪些事情是值得自己付出时间和精力的时候，广泛的尝试是必不可少的，但是如果我们意识到了，某件事情是不值得做的，那么就立刻停止和放弃，千万不要因为已经付出了那么多精力而犹豫不决，更不要为了坚持而坚持，要知道我们可以利用因放弃而省下来的时间来做更有意义的事情。

## 为数不多的人和事

马克·曼森（Mark Manson）曾在他的《重塑幸福》中写过这样的话："最终，想要过上重要和有意义的生活，唯一的方法是通过拒绝一些选项来缩小自由度，承诺对一个地方、一种信念或一个人负责……想要真正欣赏某件事情，你必须投身其中。只有当你数十年如一日地投入到某种关系、某个工艺和某项职业生涯中时，你才会获得某种程度的快乐，并领悟到其中的意义……年轻时追求经验的广度是必要和可取的，毕竟你需要走出家门，看看哪些事情值得你付出时间和精力。但金子总是被埋在有深度的地方，你必须将精力集中于某件事情，并深入挖掘才行。这点对一切都适用，人际关系、职业生涯及形成良好的生活方式。"

我特别欣赏马克的这些话，因为在我看来，这些话道出了自我探索和精要主义的核心意义。我们在年轻的时候不断探索，先做加法，再做减法，为的不过是找到那为数不多的自己想要真正给予承诺的人和事。

说实在的，我们真的没有必要做太多事情，也不需要拥有太多，因为更多并不总是意味着更好和更幸福，恰恰相反，真正的幸福往往来源于更少，但是更专注和更投入，因为专注和投入才是幸福的关键。

从这个角度来说，自我探索最终不是为了拥有随心所欲的自由，不是为了想做什么就做什么，而是为了能够自我约束，不是为了更多，而是为了更少。在这个过程中，精要主义，无疑扮演着十分关键的角色。

# 02
## PART

## 重塑你的底层信念

# 摆脱无谓的
# 自我内耗

Ella 是我特别好的朋友。有一次，我去 Ella 家做客，聊天的时候，她跟我谈到了最近她情绪上的一个困扰。她说，自己下周要去做个检查，检查的过程会非常痛苦，她又是一个对痛特别敏感的人，所以她最近就因为要做检查这件事情而一直处于焦虑和害怕之中。

她问我该怎么办。

我问："这个检查是不是一定要做的呢？"

她说："是的，一定要做。"

我说："那很好办，既然这个痛苦是必须经历的，那就接受它，告诉自己你愿意承受这个痛苦。接受它之后，你就不会再感到焦虑和害怕了。"

Ella 的困扰，让我想起了村上春树在《当我谈跑步时，我谈些什么》里说过的一句话："痛楚难以避免，而磨难可以选择。（Pain is inevitable. Suffering is optional.)"

村上春树的这句话很好地区分了生活中的两种痛苦。第一种痛苦，叫作 pain，它是我们可以真实体验到的痛苦，这种痛苦包括身体上的痛苦，也包括心理上的痛苦，比如遭遇损失的痛苦，被他人拒绝时的痛苦，失败时的痛苦，等等，这些痛苦都是源自本能的情绪反应，是我们避免不了的。

但除此之外，还有另一种痛苦，叫作 suffering，我们可以把它理解为一种心灵上的折磨，它是真实痛苦产生之后，我们因为抗拒所发生的事情而产生的痛苦情绪，它源于我们对痛苦的抗拒，这种痛苦并不是必须承受的，是可以避免的。

第一种痛苦持续的时间其实并不长，因为任何一种本能情绪产生之后，只要我们别抓着它不放，它自己就会消失，持久的痛苦往往属于第二种痛苦，是因为我们对现实的抵抗而产生。

举个例子，当他人对我们不友好时，我们会很自然地感到心里不舒服，这是一种本能反应。如果我们接受这个事实，并告诉自己"没有人有义务要对我好"，那么这种不舒服的情绪很快就会消失，但是如果我们不接受现实，非得在心里不停地想："她为什么对我不友好？她凭什么对我不友好！是不是我不够好呢？"那么这种不舒服的情绪就很有可能会演变成对对方的愤怒，或者是对自己的怀疑和否定。只要我们头脑中的这些念头不消散，这些情绪就不会消失，就会持续地影响着我们。

说实话，这些我们在头脑中反复琢磨的问题通常是没有清晰和明确的答案的，因为它们往往是对他人想法的猜测，是对已经发生了的事情的愤怒或悔恨，或者是对未来的担忧，比如我们总是会去想"万一……怎么办""如果……怎么办"。心理学家把这个反复琢磨的过程称为思维反刍。

思维反刍一词源于我们日常观察到的一种现象：一些动物会将吞咽下去的食物返回嘴里慢慢咀嚼，然后再缓缓咽下。这种反复咀嚼已经吞下去的食物的现象就和我们在头脑里反复琢磨一件已经发生的事情，或者某种我们控制不了的情况的状态很像。

然而，不管是他人的行为和想法，还是未来没有发生的事情，抑或是过去已经发生的事情，这些都不是我们可以掌控的，即便我们在头脑中琢磨一万遍，我们也没有办法去改变什么。这样的反复思考其实是毫无意义的，属于一种自我内耗，因为它不产生任何有效的行动，反而会不断强化我们的消极想法和负面情绪，让我们感觉更糟糕。当这种情况越来越失控，思考者就会像陷入泥潭一样，不可自拔，甚至还会发展成临床上的抑郁症。

说到这里，你可能会问：我们为什么总会喜欢在头脑中反复琢磨某些问题呢？这实际上和大脑的一个重要特点有关，我们的大脑是非常厌恶冲突的，这里所说的冲突指的是现实和期待之间的冲突，也就是现实和想要的不一样。

只要存在冲突，我们的大脑就会感到不安和痛苦，就会想尽办法去消除这种冲突。假如这件事情是我们本身根本控制和改变不了的，那么思维反刍就会发生——我们就会在头脑中，翻来覆去地思考这个问题，不断折磨自己。

可见，思维反刍之所以会发生，根源就在于我们在用一种错误的方式消除冲突，那就是想要操控和改变现实，这当然消除不了冲突。实际上，对于这种类型的冲突，消除的办法只有一个，那就是选择接纳，不再抗拒，也不再执着于头脑中那些"不应该这样""不希望这样"的想法。

对 Ella 来说，她的这种情绪困扰就属于第二种痛苦，是一种毫无意义的内耗。事实上，只要她能够放弃对检查将会带来的痛苦的抵抗，她的焦虑和担心就会消失，尽管她依然要遭受检查的痛苦，但至少她可以不用在检查前因为抗拒而经受精神折磨。

如果懂得区分这两种痛苦，我们就会发现，生活中的大部分痛苦都是可以避免的，它们本质上都是由我们头脑中的执念所引起的，是当现实和理想不一致时，我们不接纳现实所导致的，就像张德芬在《遇见未知的自己》里所说的那样："我们人会受苦的最大原因，就是抗拒事实。"

当我们学会了接纳，学会放下了内心的控制欲，允许一切如其所是的时候，我们的精神能量就能从那些无止境的思维反刍，以及因此而产生的负面情绪中释放出来，我们也就能把更多精力用在那些真正有意义的思考和行动上，去解决那些可以解决的实际问题，去实现那些可以实现的目标。

## 人生最大的痛苦，是与自己的对抗

如果说人生的痛苦主要来自对事实的抗拒，那么你知道人生最大的痛苦来自对什么的抗拒吗？答案是，对自我的抗拒。

从去年开始，我因为开始做个人咨询，接触了不少在行动力上存在困难的人。在与这些人的沟通和交流中，我发现，虽然大家所面临的问题各不相同，但这些问题背后都有一个共同的根源，那就是对自我的批判和不接纳。

举几个常见的例子：

对自己的期望和要求很高，总是喜欢给自己设定一些不切实际的目标和任务，只要这些任务没有完成，或者没有达到自己所期待的结果，就会特别内疚，对自己感到非常失望。

一件事还没有开始做，就觉得自己会做不好，对自己没有信心，于是便开始拖延，迟迟没有办法迈出行动的步伐，这种拖延行为又会导致自责，使得自信心进一步下降。

总是在参加各种各样的课程，最后都没有什么实质性的收获，似乎一直处于低水平勤奋的状态，这种状态让自己感觉特别焦虑不安，但又不知道怎样才能走出这种不努力就会自责，可是努力又找不到方向的困境。

很自卑，不喜欢自己，觉得自己哪里都不好，哪里都不如别人，尽管有的时候也很想让自己变得不一样，但似乎对什么事情都提不起兴趣，也没有办法将任何一件事情坚持下去。

在前面的内容里，我提到过，每个人都对自我价值感有着强烈的需求——我们需要知道自己是有价值的，是足够好的，这是我们安全感的来源。然而，在这些例子中，所有人都对自己存在着不满，觉得自己不够好。这种"我不够好"的感受，与"我想要自己足够好"的渴望之间就会形成冲突，这种冲突会让人感到痛苦。

可问题是："我不够好"这件事情到底是谁告诉我们的呢？

我的一个朋友曾经特别沮丧地跟我说，她觉得自己特别失败。我问她为什么会这么想。她说自己三十多了，在北京还没有买房，还得租房子住，觉得很丢人。我安慰她说："这有什么可丢人的呢？房子不管是买的还是租的，本质上都是为了解决住的问题，有钱买就买房住，没钱买就租房住，只要你觉得租房住没问题，那它就不是事儿。"

我们总以为自己担心的是别人对我们的看法，但实际上，那个"别人"不是其他人，正是我们自己，正如张德芬的那句："亲爱的，外面没有别人，只有自己。"说实在的，如果不是我们自己过于在意的话，别人怎么想根本无法影响到我们。

我们之所以总是觉得自己不够好，自我价值感很低，就是因为在我们的头脑里，住着另一个苛刻的自己，他（她）总是喜欢拿各种好与不好的标准来评判我们，拿我们的过错、失败、缺陷和不足来指责我们。只要这个苛刻的、自我评判的声音不消失，我们自我价值感过低的问题就没有办法得到解决，这样我们就永远都不会对自己感到满意。

很多人可能没有意识到，我们人生中的很多痛苦和不开心实际上都是自己导致的，是源于我们对自己无情的评判、指责和攻击，以及我们与自己的对抗。然而，这些痛苦是完全没有必要的，因为我们是有选择的，我们可以选择放弃评判和指责，然后学会接纳自己，与自己和解。

## 为什么要对自己如此苛刻

有的人可能会担心，接纳自己之后，自己会不会变得懈怠，从此失去斗志，不再努力呢？

这种担忧特别好地解释了自我批评存在的理由——为了督促自我进步，避免落后。

用批评来促进行动，实际上是一种典型的"胡萝卜加大棒"的做法：做得好就给予赞扬和奖励，做得不好就给予批评和打击。从某种意义上来说，自我批评就像是我们挥舞在手里的一个"鞭子"，只要做得不好，就抽自己一下，让自己感到羞愧和痛苦，为了避免这种痛苦的感受，我们就会不停地努力。这听上去是不是像极了小时候父母教育我们的方式？

毋庸置疑，批评作为一种激励手段，在一定程度上是有效的。否则，就不会有那么多家长和老师都这么做。如果自我批评真的有效，那么奏效的原因只有一个，就是恐惧。

但问题是，把恐惧当作动机存在着致命的缺陷：一方面，对于犯错和失败的恐惧会带来焦虑情绪，焦虑情绪会破坏前额叶保持工作记忆的能力，使我们无法集中注意力，思考能力受阻，学习和工作能力与效率也会因此受到严重影响。关于这一点，我们每个人都应该深有体会，无论是考试、比赛、还是当众演讲，只要害怕失败或负面评价的恐惧占据了我们的内心，我们的表现就会受到很大的影响。

另一方面，自我批评会损害我们的自信。如果我们总是用一些苛刻的标准来评判自己，我们就会经常因为达不到自己满意的要求而产生消极的自我情绪，这些情绪累积多了之后就会变成消极的自我信念。消极的自我信念一旦形成，我们就会倾向于用否定和怀疑的态度去看待自己，这就使得我们越来越不自信，甚至是讨厌自己。

还有更为重要的一点，那就是，自责与自我批评会导致严重的内耗。我相信你一定有过这样的体验：当你因为某事一直担心或者自责的时候，你会觉得自己的能量特别低，根本没有精力去做任何其他的事情。为什么会这样？原因就在于，你的精神能量都被无法消除的内在冲突消耗掉了，而我们每天的精力是有限的，如果大量的精力都在内部被消耗了，那么能够用在外部行动上的精力自然就少了。

同样的道理，当我们总是抓着自己的过错、不足和缺点不放，或者总是陷在"我不够好"的自卑情绪里的时候，我们就会一直因为自我内耗太严重而无法专注于真正重要的事情。假如这个时候，我们能够选择原谅自己，选择接纳自己的缺点和不足，那么我们的精力就能从内耗中释放出来。

所以，我们并不需要担心自我接纳会不会导致自我懈怠，因为自我接纳真正的作用，其实是帮助我们从无谓的内耗中解脱出来，只有这样，我们才不会总是把宝贵的精神能量浪费在自责、自卑，以及自我怀疑和打击之上，而是能把精力用在有益的方面，比如对重要目标的追求上。

事实上，我们大可不必用"胡萝卜加大棒"的方式来逼自己，因为自我进步并不一定非得通过自我批评和苛刻的自我态度来实现，而是完全可以通过一种善待自我的方式来获得。

我们都知道，避免痛苦和追求快乐是行为背后的两大核心动机——我们会因为要避免痛苦、避免自责和羞愧而去行动，但也会因为想要追求成长的快乐，追求心中的梦想而去行动。

其实，一个人之所以不想努力，甚至什么都不想做，根本原因在于对自己缺乏信心，对未来缺乏掌控感，感觉看不到希望。一个人若是对自己和未来充满信心，那么他就一定会想要寻求挑战，想要在挑战中不断提升自己的能力，因为这是人性的基本需求，也是幸福感的重要组成元素。

约翰·韦尔斯（John R. Wells）在《战略的智慧》中曾说过这样一段话："人类生来好奇，总是在探索中进步，希望改善当前的行为，同时也会因为新想法欢呼雀跃。不断求索追寻进步是人类的本性，但这种本性也会因为恐惧和缺乏安全感而彻底被压制。"

的确如此，成长和进步本身就是一种快乐，因为我们天生就有很强的好奇心和探索欲，喜欢在挑战中获得成长。如果我们想让自己的这种天性和潜能得到释放，那么我们就得先让自己从自我批判和自我否定中解脱出来，学会鼓励和善待自己。

## 改变从自我关怀开始

说到自我评判的声音，大家应该都不会感到陌生，每个人几乎都有。这种声音通常源于成长过程中我们遭受的他人对我们的评判与批评，比如父母、老师以及其他重要的人。久而久之，这种评判与批评行为便内化成了我们自己的习惯。

说到这里，我想说说我自己的故事。生活中，经常有朋友跟我说很羡慕我现在的状态，然而大家不知道的是，十年前的我完全是另外一个模样。我曾经在很长一段时间都过得很不开心。不开心是因为我对自己的要求很高，而且我把输赢看得很重，我需要看到自己是优秀的，最好是比身边的人都优秀。为此我非常努力，可问题是，不管多么努力，我似乎都无法对自己感到满意。

即便后来我拿到了全额奖学金去美国念书，在学校一直保持着优异的成绩，并且成为优秀毕业生，我依然觉得自己不够好，甚至有种隐隐的自卑感，而且我内心一点都不快乐。关于未来，我十分迷茫，没有自己的人生方向，尽管我非常渴望成功，但内心深处我却根本不相信自己有能力成功。

直到最终走出了这种状态，我才逐渐意识到，我过去那种既要强又自卑的性格，其实是来自家中"权威"长期拿我和他人进行对比所造成的自尊心的伤害，而我在不知不觉间继承了这种习惯，继续着对自己的伤害。这时我才发现，原来我那么努力，那么要强，不过是为了向那些曾经看不起我的人证明我的价值，不过是为了找到一种优越感，以此来弥补我内心的缺失。

我最终能够摆脱自我评判的习惯，得归功于一本书——*The Artist's Way*（《唤醒创作力》）。

十年前，我刚刚在美国完成了 MBA 学业。毕业之后，我得到了俄勒冈州政府的一份分析员的工作。相比之前的商学院生活，在政府工作实在是太清闲了，没有什么压力，更没有什么挑战。这让我很不习惯，于是我就想，我应该利用业余时间做些什么，为生活增加一些乐趣和挑战。这个时候，我突然想起来年少时我最重要的爱好——绘画，紧接着，我就给自己报了一个绘画课程。

正是在绘画课上，我了解到了 *The Artist's Way* 这本书。老师推荐这本书的时候，跟我们说，这是一本帮助艺术家重新找到自我的艺术疗愈类书籍。我心想，这本书听上去好像正是我需要的书，说不定它能帮我摆脱心中的迷茫和不自信，找回年少时的创造力与激情。于是我赶紧上网买下这本书。

拿到书之后我发现，"The Artist's Way" 实际上是一个为期 12 周的自我学习课程，每周都有一个练习，其中有一个练习就叫作 Morning Pages（Morning Pages 中文翻译为"晨间日记"，我之后的自我管理工具——晨间日记就是从这个练习演变过来的），就是这个练习帮助我完成了最重要的自我蜕变。

Morning Pages，简单来说，就是一个写作练习，它要求我们每天早上一起来，就拿出纸笔写三页日记。不过，这并不是什么正式的写作，而是非常随性的，不需要太多思考，它更像是一种私密的自我对话，让我们通过写的方式将自己内心的感受、情绪和想法表达出来。

让我感到意外的是，开始这个练习没多久，我就已经能够感受到它给我带来的改变——我开始关注自己的内在感受了。说实话，我以前从来没有关注过自己内心的感受，更不懂得如何去表达自己的感受，但是当我尝试着将情绪用文字的方式呈现出来之后，我渐渐发现，那些自卑、羞愧和恐惧情绪的背后，其实是对爱与被认可的渴望。

随着我对自己理解的加深，我和自己的关系也开始慢慢发生变化，我不再像以前那样苛刻地对待自己，而是能够把自己当成朋友一样去看待。这样的变化让我感到欣喜，因为它让我体会到了很久都没有体验过的和谐与快乐。

为了彻底改变我和自己的关系，我在原有练习上做了一些调整，我把 Morning Pages 变成了一种自我对话，在对话中，我会让自己扮演两个角色，一个是我的内在小孩，另一个是理性的自我。

对话通常包含两部分，我会先以一种理解和关爱的方式，帮助自己的内在小孩把感受表达出来，比如我会对自己说："宝贝，我知道你现在有些难过，因为你觉得自己今天在工作上表现得不好……"通过这种方式，我就能让自己内心的情绪得到充分的释放。紧接着，我会引导自己从更加积极的角度看待问题，比如把这件事情看作一次学习和成长的机会。最后，我还会毫不吝惜地鼓励和称赞自己，给自己爱的力量。

我花了整整半年的时间，每天用这种形式和自己进行对话。半年之后，我在自己身上看到了翻天覆地的变化，我感觉自己就像变了一个人似的，每天都活得特别开心和积极，而且那个在我内心深藏了很多年的自我评判的声音也完全消失了，最重要的是，我学会了爱自己。

后来我才知道，我这种做法就是典型的"自我关怀"（self-compassion）。所谓"自我关怀"，就是当我们遭遇痛苦情绪的时候，比如内心受到了伤害，遇到了挫折，对自己表现不满意，或者讨厌自己的某些不足和缺点的时候，学会用友好的方式理解自己此时的情绪，给予自己关怀与鼓励，就像对待陷入痛苦之中的好友一样，而不是雪上加霜地评判和指责自己，加重我们内心的痛苦。

"自我关怀"这个概念是由得克萨斯大学的克里斯廷·内夫（Kristin Neff）教授提出来的。它被证明是帮助我们提高自尊水平，摆脱无价值感，以及停止无休止的自我评判的最佳方式。不仅如此，它还能帮助我们很好地应对各种不良情绪，降低负面情绪给行动带来的阻力，甚至还能帮助我们对抗焦虑症和抑郁症。

## 尊重"一事无成"的自己

虽然说"自我关怀"的好处是显而易见的，但是要真正做到"自我关怀"并不容易，其中最大的挑战就是自我接纳。

自我接纳之所以那么难，是因为我们的大脑天生就爱比较。著名心理学家岳晓东在他的《登天的感觉》一书中曾说过这么一段话："人是活在相互比较的感觉中的。这种比较既可以给人带来自信，也可能给人带来自卑。当它给人带来自卑时，负性的自我肖像会慢慢形成，久而久之，自我的形象开始歪曲，认知、情绪和行为开始失调。"

不得不说，这段话说得实在是太真实了，这种相互比较的感受我们每个人应该都深有体会，而且我们也一定都在相互比较中自卑过。我们的大脑几乎无时无刻不在拿自己和他人比较，我们的自我价值感通常就是建立在这种比较之上的：当我们觉得自己比别人好时，我们就会自我感觉良好，如果觉得自己不如别人，我们就会感到有些自卑。

从之前的内容中我们已经了解到，大脑这种爱比较的天性其实是一种重要的生存策略，它源于我们对在群体中的地位的需求，要知道，个体在群体里的地位越高，拥有的资源就越多，生存和繁衍的概率就越大，而地位的下降则意味着生存和繁衍会出现危机。

为了避免丧失地位，我们就必须和他人比较，因为地位本身是一个相对概念，它必须建立在比较之上，我们只有通过和他人进行比较才能知道自己的地位，才能知道自己是不是安全的。当我们发现自己不如他人的时候，大脑就会发出警告信号，我们就会因为地位受到威胁而感到焦虑，这种焦虑便会促使我们努力，想尽办法维持或提高自己的地位。

从这个角度来看，我们会发现，这种爱比较的天性实际上是有一定的积极意义的——它能给予我们不断向上的动力。尽管如此，它也存在着不少消极影响，比如它会让我们经常陷于不必要的焦虑之中，会让我们过分在意那些可以彰显地位的东西，比如物质上的成功，甚至会让我们因此而变得虚荣。

实际上，这种消极影响正在日益变强，特别是在这个社交媒体高度发达的时代，因为社交媒体让我们无时无刻不活在比较之中——每天一打开手机，别人的"美好"生活就会自动呈现在我们眼前。可是，我们在社交媒体上看到的世界根本就不是真实的，而是被过滤和扭曲的，因为人们总是喜欢夸耀自己，想尽办法让自己看上去更有地位、更成功，但问题是我们的大脑并不知道，它以为自己看到的就是真实的。

不少研究都表明，社交媒体与更高程度的孤独、嫉妒、焦虑、抑郁、自恋都存在着直接的联系。这就是为什么现在大家普遍都很焦虑，自我价值感都偏低。

所以，想要真正摆脱自我评判的习惯，真正学会"自我关怀"，最为关键的一点就是，我们得先学会如何正确地看待自己与他人的比较，让自己从比较的焦虑中走出来。

那么，怎么样才能摆脱相互比较所带来的不良心态呢？

我觉得，最好的办法就是"从尊重一事无成的自己开始"。这句话源自大哲学家尼采，它与斯多葛情绪训练法当中的练习接受厄运（practice misfortune）可谓有着异曲同工之妙。

所谓"练习接受厄运"，就是当你内心有所担心和害怕的时候，你就想象你害怕的事情已经发生了，然后接受它。这被证明是突破恐惧的最佳练习方法，因为就像我们之前所说的那样，痛苦是源于对事实的抗拒，如果你连最坏的情况都能接受和面对，那么不管发生什么，你都不会因为无法接受而感到痛苦。在这种情况下，你就没什么可以担心和害怕的了。

"尊重一事无成的自己"也是同样的道理："一事无成"，可以说代表了我们内心最深层次的恐惧，因为一事无成就意味着我们是一个彻底的人生失败者，活得不如他人。如果我们连最糟糕的自己都能接受，甚至懂得去尊重，那么生活中那些暂时的错误、失败和不足又算得了什么呢？有了这种心态之后，我们就不会总活在自我批判之中了，而是可以更坦然地面对错误和失败。

有些人可能会对这句话产生误解，认为这句话的意思就是，不管自己的人生多糟糕都可以接受。其实不然，这里的关键词是"开始"，因为"尊重一事无成的自己"本质上是为了更好地实现自我价值。不管做什么事情，在获得成就之前，我们都免不了要默默耕耘很长一段时间，这个时候的我们，在其他人眼中就是没有成就的，如果我们无法接受此时的自己是"一事无成"的，那么我们就无法沉下心来做事情，就会总想通过一些捷径，去寻求快速的成功。但说实话，这样的"成功"即便是获得了，也只能满足我们的虚荣心，无法带来真实的幸福感。

我在 2015 年离开职场之后，曾经历过一段很焦虑的时期，焦虑的原因就在于，我担心自己不会成功，害怕自己过于平凡和普通。当我意识到这种担忧和焦虑本质上是源于对失败和平凡的抗拒，是因为我太在意所谓的成功之后，我就告诉自己："失败了又如何？平凡又能怎样？就算是平凡，就算是失败，那也只是世俗意义上的平凡和失败，只要我能够把自己的潜能发挥出来，努力让自己具备真正的才华与实力，并且能够为社会创造一些价值，那么对我自己来说，这一生就是没有遗憾的。"想通了这些之后，我便不再执着于成功，便可以心无杂念地做自己想做的事情。

除摆脱对平凡的恐惧之外，我们还可以学着把比较的视野从别人身上转到自己身上。

岳晓东在《登天的感觉》中讲到了自己在哈佛大学心理咨询中心实习时，曾经遇到过的一个因为比较而变得极度自卑的女孩丽莎，岳晓东就是通过这种方式帮助丽莎重获自信的。

丽莎来自美国阿肯色州，当时是哈佛大学的一名新生。能够进入哈佛大学本来是一件特别值得骄傲的事情，然而丽莎因此陷入了人生的谷底。

为什么会这样？原来，丽莎来自小地方，长相身材都很普通，原本成绩好是她最大的优势，但是来了哈佛之后，这个优势彻底失去了，她的成绩仅仅是中下水平。丽莎再也没有过去的那种优越感，不仅如此，她还感到自己处处都不如他人，觉得自己是天鹅群里的一只丑小鸭，自卑到了极点。她甚至认为来哈佛求学是个错误。

见到岳晓东，丽莎的第一句话就是："我感到自己是全哈佛大学最自卑的人。"紧接着，她就忍不住在咨询室哭了起来。

了解了丽莎的情况后，岳晓东决定采取三个步骤来帮助丽莎重新振作起来。他先是帮助丽莎宣泄她的不良情绪，调整心态，然后引导丽莎把比较的视野从别人身上转到自己身上。在岳晓东看来，丽莎的自卑是在与同学的比较中形成的，这种比较曾经让她获得了自信和自尊，但现在只能带给她自卑与自怜，这才是问题的根源。想要改变这种状态，她就得转移比较对象，不能只和别人比较，而是要多和自己比较。

在岳晓东的引导和帮助下，丽莎逐渐意识到，自己的自卑感原来是比较造成的，如果她总想着要与别人比较，那么她永远都会感到自卑，只有把比较对象转移到自己身上，学会自己和自己比较，她才有可能感到自信。等到丽莎明白这个道理之后，岳晓东便开始执行第三个步骤，即帮助丽莎厘清学习中的具体困难，并制订相应的计划来克服这些困难。

慢慢地，丽莎不再将与同学比较作为衡量自己的标准，并开始努力改进自己的学习方法，通过和自己比较来获得自信心。仅仅是过了两个月，岳晓东就看到了丽莎身上的巨大变化：她好像完全变了一个人，不再郁郁寡欢，也不再为学习落后而苦恼，而是会想方设法改进学习方法，主动寻求必要的帮助，她开始结交新朋友，有了自己的朋友圈子，她也不再认为来哈佛求学是个错误，而是为自己是其中一员而感到自豪。

通过丽莎的故事，我们可以了解到，尽管我们无法改变大脑"爱比较"的天性，但是我们可以改变比较的对象。只要我们把比较对象从他人身上转移到自己身上，我们就能够从比较中获得积极的意义——我们既能因为想要超越自己而充满向上的动力，又不会因为感觉自己不如他人而焦虑，或者缺乏自我价值感。

如果你也常常因为与他人比较而缺乏自信，不妨学学故事里的丽莎，不要再去和别人比较，也不要把与他人相比作为评判自我价值的标准，而是要让目光回到自己身上，回到自己真正在意的目标上，然后通过踏踏实实的行动去一步一步实现这些目标。只要你能感觉到自己今天比昨天有进步，那么大脑就会觉得自己的地位在提高，它便会释放积极的信号，让你感到自信和快乐。

岳晓东说，心理咨询的核心目的之一，就是提高人的自信心。从某种意义上来说，这也正是自我关怀的意义和价值——终止内心交战，与自己和解，然后找到安全感和自信。只有这样，我们才能获得真正持久的快乐，自我才能得到更好的成长。

# 永远别说
# 你没有选择

　　你有体验过攀岩吗？很多年前，我去攀岩过一次，那次体验我至今记忆犹新。我之所以会有如此深刻的记忆，是因为它让我体会到了什么叫"从绝望中寻找希望"。那种感觉，实在是太棒了。

　　为什么会想到去攀岩呢？原因很简单，因为我当时的老板 Sam 是个攀岩爱好者，有超过十年的攀岩历史。Sam 是加拿大犹太人，很年轻的时候就来到中国创业，成功创办了一家餐饮连锁店，但 Sam 并不想一辈子做餐饮，等公司到了一定规模之后，他就把公司卖了，开始寻找新的创业机会。那个时候，社交媒体刚刚开始兴起，Sam 觉得这是一个不错的机会，于是想出了一个新媒体项目，并顺利融到了第一笔资金。我就是在那个时候加入他的团队。

　　公司刚刚成立不久，Sam 就带着我们去团建，我们的第一次团建活动，就是他最喜爱的运动项目——攀岩。不过我们不是真的去野外

攀岩，而是在北京的日坛公园，那里有一个十五米高的露天攀岩场
（相当于五层楼那么高）。

很多人对攀岩可能不太了解，攀岩其实就是给你一面岩壁，岩壁
上有凸出来的、大小不同的支撑点，你只能依靠着这些支撑点，利用
手脚攀到岩壁的顶点。当然，这个过程是有绳索保护的，如果你失足
了或者实在攀不上去，绳索可以帮助你下来。

攀岩之前，Sam 跟我们简单说了一下动作要领之后，并且给我们
定下了一个规矩——不到顶点，绝不能下来，然后就安排我们去攀
岩了。

刚开始的时候，我并不觉得有什么难的，而且很快就到了岩壁的
三分之一处，但是由于没有技巧，不知道如何有效地用力，在这个过
程中我的体力已经耗得差不多了。这个时候，再继续往上就变得有些
困难了，而且支撑点和支撑点之间还离得比较远，我必须通过各种尝
试先找到下一个能够被脚踩住的支撑点，再找到能够被手抓住的支撑
点，然后踩住，用腿部的力量让自己往上，与此同时双手还必须迅速
抓住下一个支撑点，这样才能往上前进一步。

在我感到已经筋疲力尽的时候，我估计自己应该离顶点不远了，
但是抬头一看，却发现还剩下三分之一的路程，那一刻，我真是想哭
的心都有了。我往下看了一眼 Sam，他正在朝我大声喊着加油。

我知道自己是没有退路的，只能继续去寻找新的支撑点，但是周
围的那些支撑点都离我太远了，即使能够勉强用脚够到，我也根本没有
力气踩着它们让自己上去。尝试了几次都失败了之后，我真的有些绝望
了，因为所有可能的方法我都已经试过了，现在连再往上一步都已经不

可能了，更别说到顶点了。但是 Sam 又不放我下去，我只好无奈地待在原地。

休息片刻之后，我感觉体力好像恢复了一些，于是，我开始重新想办法。我观察了一下周围的支撑点，找了一个我最有机会够到的试了试，似乎有些希望。不过，第一次尝试依然没有成功，紧接着，我又试了一次，这一次我用尽了手脚的力气，咬牙奋力往上爬，没想到居然成功了！这让我兴奋不已，心中又燃起了希望。

之后，我便采取这种策略，没力气的时候就先休息一会儿，体力恢复一些之后，再用所有体力来完成下一次攀登。每一次成功都能给我带来新的希望，增加我的信心。就这样，我咬着牙，一步一步，终于爬到了顶点。

到达顶点的那一瞬间，我太为自己感到骄傲了，内心洋溢着胜利的喜悦。就在那一刻，我似乎明白了，为什么 Sam 要把我们的第一次团建活动定为攀岩，为什么他要求我们必须到达顶点。他其实是想用这种方式告诉我们，很多我们以为的"不可能"和"做不到"，并不是真的不可能，只要我们不放弃努力，就一定能够找到突破的办法。

在后来的接触中，我了解到，这其实就是 Sam 内心最坚定的信念。生活中，他经常把这两句话挂在嘴边：There is always a way, there is always a better way.（总有办法的，而且总有更好的办法。）If you look for the bad, you will find it; if you look for the good, you will find it too .（如果你想看到坏的一面，你可以找到；但如果你看到好的一面，你也能找到。）

Sam 的这种信念，实际上就是主动式思维的最佳体现：他坚定地相信，选择权和主动权都在自己手中，不管发生什么，不管面对怎样的挫折和困难，他都有选择的权利，他可以选择从消极的角度去看，也可以选择从积极的角度去看，他可以选择接受"事实"，也可以选择努力寻求突破。这种信念给了他掌控人生之感，他知道自己的人生就把握在自己手中，正因为如此，他才会永不放弃地，为自己想要的结果不断努力。

## 为什么相信有选择如此重要

为什么相信自己有选择权如此重要呢？关于这个问题，我们也许能够从积极心理学之父马丁·塞利格曼那个著名的实验中获得一些启发。

20世纪60年代，心理学家马丁·塞利格曼和他的同事做了一个实验。他们把小狗分成三组，分别关在笼子里，第一组小狗的笼子是安全的，第二组和第三组小狗的笼子里会随机出现电击，但不同的是，第二组的电击是可控的，只要小狗去触碰笼子里的控制杆，电击就会停下来，第三组小狗则没有控制杆可以碰，也就是说无论它们做出什么样的反应，都不能躲过电击。

第二天，所有小狗都被放入一个名叫"穿梭箱"的笼子里。在笼子的中间有一堵很低的障碍墙，只要小狗尝试一下，它们就可以跳过去。实验室里有一个蜂音器，只要蜂音器一响，小狗们所在的那边地面就会出现让它们难以忍受的电击。很快，第一组和第二组小狗就学会了通过跳过障碍墙来躲避电击，只要听到音响，它们就会越过墙，跳到安全的一边。然而，之前无法控制电击的第三组小狗，大部分都没有尝试去躲避电击，在听到音响之后，它们只是躺下呜咽，被动地等待电击结束。

塞利格曼把这种现象称作习得性无助，他认为，第三组小狗在那次无法躲避电击的情境中产生了"做任何事都无法改变现实"这种想法，从而对控制自己命运感到极端的无助。这种无力改变的无助感使得它们放弃了改变的尝试，只是消极被动地接受"命运"的安排。

这个实验，可以说非常好地解释了拥有选择的重要性：在一个特定的情境下，如果我们相信自己是有选择的，我们就会觉得自己有掌控整个局面的能力，这种信念能够帮助我们避免产生无助感，并且促使我们通过不断行动和尝试来寻求改变。相反，如果我们认为自己是没有选择的，那么我们在潜意识中就会产生这样的信念："不管我们做什么，都没用，都无法改变结果。既然无法改变，那也就没有尝试的必要了。"这种信念会导致我们失去行动和尝试改变的动力，变得消极和被动。

这种关于自己是否有人生掌控权的信念实际上有一个专门的心理学名词，叫作控制点（Locus of control）。控制点理论最初是由美国心理学家朱利安·罗特提出来的。

罗特发现，不同个体对自己生活中各种事件的引发原因有不同的解释：对某些人来说，他们认为结果和自己的行为有关，因为他们相信，自己是可以通过掌控自己的行为，对事情的发展和结果进行控制的，也因此懂得为自己的人生负责；对另一些人来说，他们会认为自己生活中多数事情的结果是一些自己无法控制的外部力量所决定的，比如社会的安排、命运和机遇等，他们并不认为自己拥有任何掌控权，所以他们会倾向于放弃对自己的生活负责。罗特把前者称为内控者，后者称为外控者。

许多相关研究已经证明，是否相信自己有掌控权，对人们的幸福和成功具有重要的积极影响，这是因为关于掌控权的不同信念，会使人们拥有全然不同的态度与行为。

一般来说，内控者在生活中会更加积极和主动，他们相信自己能发挥作用，会以富有成效的方式去塑造自己的人生。在困难和问题面前，内控者不会那么容易放弃，而是会问自己：我怎么样才能解决这个问题，我还有什么别的选择？然后努力寻找突破困境的办法。此外，他们还拥有更强的延迟满足感的能力，并且能够更好地应对日常生活中的压力。

外控者则恰恰相反，他们会相对比较消极，因为他们看不到个人努力与行为结果之间的积极关系，所以，他们通常会倾向于以一种无助、被动的方式面对生活。面对失败与困难，他们很少会去思考接下来该怎么办，然后尝试寻找办法解决问题，而是会习惯性地推卸责任和抱怨，认为是他人或者某些外部客观原因导致失败。

当然，在现实生活中，很少会有人是绝对的内控者和绝对的外控者，大部分人都是在两者中间，要么偏向于内控者，以积极思维为主导，要么偏向于外控者，以消极思维为主导。

## 从现在起，为自己的人生负责

我的朋友 Max，是一位来自北欧的连续创业者，他曾成功创办过好几家互联网公司，其中一家已经是全球最大的互联网数据分析公司之一。

有一次聊天，我们不知不觉谈到了"改变"这个话题。他特别坦诚地跟我说，如果我认识十几年前的他，我肯定不会想到他会有今天，因为那个时候，他的生活可以说是一团糟：婚姻失败，没有自己的事业，也不知道自己要做什么。

这让我非常吃惊，因为在我眼中，Max 是一个积极、勤奋而且非常有规划和有条理的人，我还以为他一直都是这样，没想到他也是在经历过改变之后，才成为今天的样子。

我问他，是什么改变了他。他说，那个时候他恰巧读到了史蒂芬·柯维（Stephen R. Covey）的《高效能人士的七个习惯》，这本书让他突然间意识到，他现在的生活如此糟糕完全是他自己的责任，因为他是有能力改变这一切的，这是他之前从来没有想过的。那一刻，他决定要为自己的人生负责，他要追求不一样的人生。从那以后，他就变得十分积极和上进，并成功地赶上了互联网的创业浪潮，成了第一批先锋。

《高效能人士的七个习惯》这本书我早就听说过，但从来没想过要去读。听完 Max 的故事之后，我也对这本书产生了浓厚的兴趣，于是买了一本来读。读完之后才发现，这本书不愧为一本经典之作，而书中史蒂芬·柯维提到的第一个高效能习惯，就是积极主动（Be Proactive）。

关于"积极主动"，史蒂芬·柯维是这样定义的：积极主动不仅指做事的态度，还意味着人一定要对自己的人生负责。一个人的行为应该取决于自身的主动抉择，而不是外在环境，也就是说，不管外界条件是怎样或者发生了什么，我们都要意识到自己有选择如何回应的自由，不把自己的行为归咎于环境、外界条件或他人的影响，而是根据自己的价值观，有意识地选择对外界的回应方式。

与积极主动相反的就是消极被动，消极被动的人最显著的特点就是喜欢抱怨和找借口。比如，当遇到不利处境和事件时，他们就会不停地抱怨说：为什么不好的事情总发生在我身上？为什么老天要这样对我？如果出现做了计划却没完成的情况，他们就会解释说，是因为太忙了或者时间不够，这背后的潜台词就是"不是我的问题，我没办法"，却从来不会去想自己怎样才能改变这种现状和结果。

为什么这些人总是会习惯性地选择消极抱怨，而不是积极行动呢？我觉得，一个很重要的原因在于，他们混淆了过错与责任。在他们看来，责任与过错应该是对应的，责任必须由过错方来承担，所以，只要他们认为此时糟糕的现状不是自己的错，与自己的选择无关，是别人或者社会造成的，他们就会在潜意识中拒绝承担责任。

但实际上，过错和责任并不是对应的，我们的痛苦也许是他人或者客观环境造成的，和我们自己的行为或选择无关，但是抱怨他人或环境不会带来任何帮助和改变，他人也没有义务来帮助我们，即便这一切不是我们的错，让自己开心起来依然是我们的责任。

如果我们去看一下英文中"责任"这个词的构成，或许会对它的含义有更深的理解。责任的英文是 responsibility，它由两部分组成：response 和 bility，response 的意思是回应，bility 则属于名词后缀，意思是能力，所以责任真正的含义是回应的能力（the ability to response )。可见，责任与过去并没有太大的关系，它关乎的是现在——你要如何把握现在？现在的你要如何选择和回应？

的确，人生中很多事情都由不得我们自己选择，很多不好的结果也不是因为我们自身的过错所导致的，我们甚至也无法控制这些事情不发生，但是，有些事情却是我们百分之百可以控制的，比如如何去解释和看待这些事情，接下来要如何去选择和行动，等等。

所以，当史蒂芬·柯维说要为自己的人生负责时，他并不是说要把过去发生的一切都怪罪在自己身上，而是要我们意识到，过去发生了什么，以及是谁导致了这一切，都已经不再重要了，真正重要的是，我们此时要怎么选择，因为此时的选择和接下来的行动，才是我们改变自己命运的唯一机会。

史蒂芬·柯维所说的"积极主动"这个概念，对我来说一点都不陌生，因为这就是我多年的人生信条。不过，我并不天生如此，我积极主动的性格完全是通过后天的自我训练而形成的。以前的我其实挺被动，应该是属于外控者，我总觉得，成功需要靠运气，幸福需要他人来给予，所以我很少会去争取什么，只是在被动地等待别人给我机会，却从未想过要通过积极的行动去创造自己想要的生活。

那么，是什么让我发生了如此大的转变呢？

这种改变依然和 *The Artist's Way* 这本书有关。我在读这本书的过程中了解到，这个世界上存在着很多的"The Artist's Way"学习小组，大家定期聚在一起学习，完成书中的练习。我特别想参加这样的学习小组，也想和一群志同道合的人一起学习和进步。只是当我去上网搜索的时候，我失望地发现，我所在的这个城市并没有这样的学习小组。

不知道为什么，那一瞬间，我头脑中突然冒出了这样一个声音："如果没有，为什么不自己去创造？"不夸张地说，我自己都被这个想法吓到了，这对当时的我来说是一件极具挑战性的事情，因为我从小就是一个内向、不太合群、也不太善于与人打交道的人，我也从不认为自己有组织和领导能力，我在学校也几乎没有当过任何班干部。

然而，这个声音给了我一种难以描述的力量。在这股力量的推动下，我很快就开始了行动。我写了一个招募广告，然后到处去张贴，最后居然成功招募了八个人。就这样，我开始创办人生中第一个小组织，并带着大家成功地完成了十二期活动。

就是这样一次意外的积极行动，让我看到了自己身上的巨大潜力，也让我深刻地意识到，困境其实是可以突破的，只要自己不放弃，努力想办法，就一定能够发现更好的选择。

过去，每次感到不如意的时候，我就会在心里抱怨：为什么没有人懂得欣赏我，为什么没有人给我机会呢？经历过这件事情之后，我意识到，机会不是等来的，也不是他人给的，而是需要自己去创造。

之后，我就一直把"如果没有，为什么不自己去创造"当成了自己的座右铭，此外，我还给自己写了一句话："You have a choice.（你是有选择的。）"意在提醒自己，不管身处怎样的困境，我都有选择的权利，我可以消极地接受所谓"现实"，也可以积极主动地寻找解决办法。

正是这种信念上的转变让我彻底告别了过去那种消极被动的状态，变成了一个积极的行动派，我开始利用工作之余做各种各样的尝试，而且不管遇到怎样的困难，我都不会逃避，也不会让自己被困难打倒，而是立马进入"解决问题"的状态，积极思考解决办法和下一步的行动。

## 选择背后的情感逻辑

在前面的内容里，我们曾经提到过，人有一个最基本的心理需求，那就是自主性的需求——我们需要对自己的行为有选择和决定权，也就是说，我们做一件事情必须是因为自己想做，而不是受到了强迫，如果不是出于自己的意愿，而是因为受到外界压力而不得不做，我们就会缺乏内在动机，很难从这件事情中获得快乐，也很难真正投入其中。

同样一件事情，如果我们感觉自己没有选择，不得不做，我们就会对这件事情产生本能的抵触情绪，但如果我们认为是自己选择去做，我们对这件事情的情感和态度就会完全不一样，比如说，两个人阅读同一本书，自己选择来阅读这本书的人，会津津有味地读；而把读书当作业来完成的人则会敷衍了事。

假如一个人感觉他生活中的大部分事情都是"不得不做"的，那么我敢肯定，他一定活得很不开心，而且会很喜欢抱怨。

说到这里，有的人可能会说："我也想相信自己是有选择的，可是生活中有些事情就是应该做或者必须做的呀，比如老板交给我一个任务，这个任务就是我必须做的，我没有选择。"

我的答案是："这样的事情也并不是真的'必须做'，你同样是有选择的。"

不过，为了更好地解释这一点，我需要先帮助你进行一个认知上的转变，这种认知转变对于我们理解自己行为背后的动机非常重要。这种认知转变就是：人性的第一诉求并不是追求快乐，而是避免痛苦。

很多人都认为，人生就是要追求快乐。这的确不假，但是很多人没有意识到的是，追求快乐并不是人性的全部，因为我们的行为和选择背后还有另一个非常重要的动机，那就是避免痛苦，而且对大脑来说，避免痛苦要比追求快乐更重要，也就是说，相比追求快乐，我们愿意付出更多努力去避免痛苦。这就是为什么我们总是会不自觉地把注意力聚焦在那些让我们痛苦和焦虑的人和事上，而不是自己想要达成的目标和结果上。

举个例子，小孩子通常都不愿意做作业，但是他们为什么还是会去做呢？很简单，因为不做的话，他们就会被家长责骂，那对他们来说是更大的痛苦。

明白了这个道理，我们就不难理解，为什么我们会选择去做那些让我们感到痛苦的、"不得不做"的事情。原因就在于，我们真正面对的并不是快乐与痛苦之间的选择，而是痛苦与痛苦之间的选择，我们最终会做出怎样的选择，取决于这两种痛苦之间，我们更想避免的是哪种痛苦。

回到刚刚的那个问题：老板交给你的任务是不是必须做的呢？当然不是，你完全可以选择拒绝，但问题是，你必须为自己的行为承担后果，这个后果很可能是被辞退。所以，你此时真正面临的选择应该是：没有工作的痛苦，和做不喜欢做的事情的痛苦，你更想避免的是哪个？如果你选择的是没有工作的痛苦，那么，你做老板交给你的任务就不是因为不得不做，而是你为了避免失业的痛苦而做的选择。

就像前面所提到的，人之所以会纠结和痛苦，就是因为总想逃避痛苦，然而人生在世，痛苦是不可避免的，你越想逃避，越觉得痛苦，如果能够选择坦然面对，痛苦反而会消失。所以，不要总想着怎么去逃避痛苦，而是要学会接受和面对痛苦，然后选择自己可以承担的，承担自己所选择的。只有这样，我们才不会总活在纠结和痛苦之中。

## 用"我选择"替换"不得不"

怎样才能让自己不逃避痛苦，并且还能坦然面对呢？我觉得，关键就在于要从"不得不"这种消极被动的心态，转变到"我选择"这种积极主动的心态上，然后告诉自己：既然人生一定要经历痛苦，那么不如主动去选择那些我们愿意承受的痛苦。

关于如何把"不得不"替换成"我选择"，著名非暴力沟通专家马歇尔·卢森堡（Marshall B. Rosenberg）博士在他的《非暴力沟通》一书中提到过一个有趣的练习，这个练习能够非常好地帮助我们完成这些转变。练习很简单，总共有三步。

### 第一步：列出所有不得不做的事情

拿出一张空白的纸，把日常生活中那些自己不喜欢但自己认为不得不做的事情列在这张纸上（这些"不得不"做的事情可能是别人安排给你做的，也有可能是你自己要求自己做的）。看到纸上列出来的这些事情，你就会明白到底是什么让你活得不开心。

### 第二步：用"选择做"替换"不得不"

列完这些事情的下一步，就是在所有这些事前面加上"我选择做"，比如说，如果你认为上班是一件你不喜欢但又不得不做的事情，那么就告诉自己："我是自己选择去上班，而不是因为不得不做。"

在进行第二步的时候，你可能会感到心中有一种很强烈的抗拒感，这很正常，因为你内心此时并不这么认为，你依然相信这是一件自己不得不做的事情。没有关系，到了第三步你就会明白，为什么这是你自己的选择了。

### 第三步：写出选择背后的理由

第二步其实只是完成了句子的一半，接下来你需要完成整个句子："我选择 _____ 是因为我想要 _____。"

说实话，完成这个句子的后半部分并不是一件容易的事情，但这是至关重要的一步，因为它能够帮助你了解自己，了解自己行为背后的价值取向，也就是，你在生活中更看重什么。

当通过这种方式去深入发掘行为背后的动机时，你就会发现，我们做一件事情通常是出于以下一种或多种动机：

1. 为了钱

2. 为了得到赞同

3. 为了逃避惩罚

4. 不想感到羞愧

5. 为了避免内疚

6. 为了履行职责


这些动机和理由一般存在于潜意识层面，是我们平时觉察不到的。这些动机中除了钱和某些必要的职责，大部分实际上不是必要的。

毫无疑问，钱的确是一个很现实的问题，因为它直接影响着我们和家人的生活状态，但是到底多少钱才算足够，在什么情况下，应该把钱摆在第一位，什么情况下，不应该把钱摆在最重要的位置？这是一个值得进一步思考的问题。

在深入审视自己选择背后的动机，明白了自己做这件事情到底是为了什么之后，会有两个结果：第一，你意识到自己做这件事情是为了满足某个对你来说非常重要的需求，这个时候，这件事情就不是"不得不"做的，而是你自己选择去做的；第二，你发现自己做这件事情想要得到的对你来说并不是那么重要，如果是这样的话，你就完全可以选择停止做这件你以为"不得不"做的事情。

当然，如果是第一种情况，你还可以继续思考：这个重要的需求是不是只能通过这种方式去满足呢？会不会有其他的选择呢？举个例子，马歇尔·卢森堡博士自己在做这个练习的时候，发现自己最讨厌但又不得不做的事情是写临床报告，通过深入思考背后的动机，他意识到他选择写临床报告完全是因为想要保住自己的工作，想要获得收入，而这件事情对他和他的病人来说都意义不大。当认识到钱是他做这件事情的主要动机时，他马上就想到他其实可以用别的方式来获得收入，于是，从那天起，他就再也没有写过一份临床报告了。

要真正完成这个练习其实并不容易，因为它实际上是一个向内思考和审视自己人生价值观的过程。所谓人生价值观就是要回答：什么才是我人生中最重要的？人生中很多东西是无法兼得的，你必须有所取舍，不知道什么是重要的，你就无法去主动选择，于是你会陷入被动和"不得不"的痛苦之中。

总而言之，如果我们想成为自己人生的创造者，想通过积极行动去探索自己想要的人生，那么我们就一定得相信，不论什么时候，我们都是有选择的，然后带着这种信念去审视和思考自己生活中那些"不得不"的事情，想想做这些事情都是为了什么，想想什么才是最重要的，最后再把这些选择都替换成自己的主动选择。

# 从"我不行"到
# "我可以"

怎样才能找到自己真正喜欢的事情呢？这是一个令很多人都困惑不已的问题，也是一个我经常被问到的问题。说实话，关于这个问题，我思考过很久，但始终没有找到自己满意的答案，直到我的人生中有了这样一次奇妙的经历——我居然成功地把一件曾经令我感到自卑的事情变成了一件我非常喜欢的事情，这件事情就是唱歌。

## 喜欢原来可以被培养

我有个特别要好的歌手朋友，我们曾经朝夕相处了许多年，在我们相处的这些日子里，她从未听过我开口唱歌，这让她感到非常奇怪，所以她总是会时不时地"诱逼"我一下，想听我唱唱歌，然而不管她说什么，我都坚定地拒绝。

　　我不愿意唱歌，是因为我觉得自己唱不好，可是我又不愿意直面自己的这个弱点，更不愿意将它暴露出来让别人知道，所以我只能通过拒绝唱歌这种方式来隐藏自己的不足。在 KTV 流行起来之前，我其实是唱歌的，虽然谈不上喜欢，但是我偶尔也会哼个小曲，而且在小学的时候，我还是学校合唱团的一员。后来，KTV 慢慢流行起来，K歌成了大家最喜欢的聚会方式之一，我也跟着同学们去唱过几次歌。

　　在此之前，我并没有通过一个相对客观的方式来评判自己唱得怎么样，可是在 KTV 里，谁唱得好，谁唱得不好就变得十分明显了。有了对比之后，我才意识到，自己唱得并不好，不仅声音很小，而且音稍微高一点就唱不上去。那时的我又是一个喜欢和他人比较、特别要强的人，为了保护自己脆弱的自尊心，我之后就再也不愿意唱歌了。

　　几年前，我开始意识到音频的流行将成为付费内容市场的一个趋势，为了跟上这个趋势，我决定在写文字内容之外，同步做音频内容。录了几期音频之后，我发现自己说得有些生硬，不是很自然。这个时候，正巧有朋友推荐了传媒大学的一个播音课程，我便给自己报了一个基础课程。这个课可以说给我打开了一扇声音殿堂的大门，它让我了解到，原来声音背后还有那么多学问，也让我不禁对声音艺术产生了一些兴趣。

　　不久之后，我在接受《男人装》的一期专访时，结识了另一位专访嘉宾，他是一个音乐人，也是一家音乐教育机构的创始人。在他的盛情邀请下，我参观了一下他的音乐私塾。通过与他的聊天，我了解到，声乐本身就是一种声音艺术，它和播音其实有着很多相通之处。这让我突然间萌生了学习弹唱的想法，我想这应该对我做音频内容有帮助，而且说不定还能帮我化解不敢唱歌的自卑情结。在他的鼓励下，我决定开始尤克里里和声乐的学习。

不得不说，声乐的学习完全颠覆了我对唱歌的固有认知。我以前总以为唱歌好听是天生的，靠的是天赋，而我就是那种没有天赋的人，但实际上，唱歌是一门需要通过学习才能掌握的技能，它存在着很多技巧，没有人天生就会这些技巧，都需要通过系统的学习和训练才能慢慢掌握。当然有些人的确天生唱歌就好听，但即便如此，他们也必须经过系统的训练才能真正唱好。我之前之所以唱歌声音小，高音唱不上去，全都是因为不懂得如何运用气息，而这些问题都可以通过训练来解决。

尽管如此，声乐的学习一开始还是非常枯燥的，并没有那么有趣，而且很容易让人产生挫败感，因为我通常需要经历大量的错误尝试才能找准发音的位置，有的高音，我甚至需要花一两周的时间练习才能找到感觉。不过，我并没有因此而放弃，因为我相信只要自己不断练习就一定能够掌握。

果不其然，过了那个最艰难的几个月的初学期之后，我明显地感觉到了自己的进步，比如气息问题有了很大改善，很多之前唱不上去的高音也能够顺利唱上去了，我也开始注意歌曲的律动与情感。这些进步让我看到了希望，也让我更加相信自己一定可以唱好。

慢慢地，我发现自己唱歌没有那么难听了，也不再害怕在别人面前唱歌，甚至有时还会主动约朋友们一起去K歌，而且我偶尔还能得到几句赞美之词。到现在，我已经完全喜欢上了弹唱，它不仅成了我日常娱乐的一部分，也成了我的一个可以随时拿出来娱乐他人的小才艺。每次听到掌声和大家说"好听"时，我都会特别开心，还觉得特别有成就感，这种快乐和成就感反过来又会增加我对弹唱的喜爱。

而且，我越是喜欢，就越愿意花时间去练习，花的时间越多，进步也就越大，进步越大，就越有成就感。这就是一种典型的正循环，任何领域的学习，一旦人们进入了这种正循环，放弃就几乎不太可能了，只会越来越喜欢。

不过话又说回来，这次突破对我的意义绝不是"能够唱好歌"那么简单，更重要的是，它改变了我对喜欢的认知——原来喜欢是可以被培养出来的，而且喜欢和成就感息息相关，我们从某件事情中体验到的成就感和自信越多，我们就越有可能喜欢上它。

这种成功体验通常不会自动发生（除非你真的很有天赋），而是需要我们努力去创造，因为面对任何一个新的领域，我们通常都需要熬过一段艰难而又充满挫败感的初学期，等到熟练掌握了一些基本技能之后，我们才能体会到质变带来的成功体验——那种"技能匹配挑战"的心流体验。

等到熬过了那段时期，我们在这个领域的学习才会开始进入正循环，我们也会慢慢地越来越喜欢这件事情。如果想要成功地熬过最初这段艰难的时期，一个必不可少的关键前提就是，我们必须对自己有足够的信心，也就是，我们必须相信自己一定可以成功，否则我们就很容易在挫败感面前选择放弃。

说到喜欢的本质，我发现，我们真正喜欢的，并不仅仅是这件事情本身，更多是我们做这件事时的良好自我感受。这就是为什么自信如此重要，如果我们缺乏"我可以"这种积极信念，不相信自己可以

关，毫无疑问，一个人经历的成功体验越多，他对自己的能力就越有信心，特别是当这种成功是通过自己艰辛的努力才换来的时候，另一方面它还与个人的底层思维模式有关，拥有成长型思维模式的个体通常自我效能感更高，而拥有僵固型思维模式的个体自我效能感则偏低，比较缺乏自信。

成长型思维模式，现在已经是个广为人知的心理学概念，它最初是由斯坦福大学行为心理学教授卡罗尔·德韦克（Carol S. Dweck）提出来的。德韦克教授在研究学生的学习动机时发现，在有一定困难和挑战的学习任务面前，有些学生会变得焦虑，不愿意去尝试，有些学生不但不会焦虑，而且还很享受这个学习过程。

为了深入解释这种现象，德韦克教授提出了思维模式理论（Mindset Theory）。这个理论认为，人们有着两种截然不同的思维模式：一种是成长型思维模式，一种是僵固型思维模式。

两种思维模式最核心的差别就在于看待能力的方式。一般来说，拥有僵固型思维模式的人，会倾向于认为智力水平是天生的，他们会把表现结果与自己的能力和智力水平等同起来，他们很怕犯错，因为犯错是对自己能力的一种否定，所以他们特别在意结果，喜欢追求"表现型"目标，而不会去关注提升和进步的机会。

拥有成长型思维模式的人则会用发展的眼光来看待智力和能力，他们相信能力是可以通过后天的努力而提升的。如果问他们觉得自己最成功的时刻是什么，他们会回答是通过自己的努力克服了困难的时候，他们看重在过程中自己的努力以及获得的提升，而不仅仅以结果论成败，因此他们会更喜欢为自己设定"成长型"目标。

这两种思维模式又是怎样形成的呢？

说到这里，我想起去年国内有部纪录片非常火，叫作《他乡的童年》。纪录片的导演是知名国际新闻记者周轶君。身为两个孩子的母亲，周轶君也常年因为教育的问题而焦虑，于是，她选择走访芬兰、日本、印度、以色列及英国五个国家，去不同的学校了解他们的教育理念，以及他们在教育上的探索，最后再回到中国。

整部纪录片中，令我印象最深刻的一次采访，是周轶君在芬兰一个被誉为教师的西点军校的师范学校——海门林纳师范学院的一次采访。

采访的对象是海门林纳师范学院的几个老师和学生。他们在谈论教育时，有个老师提到，她经常会遇到一些国外的学生，这些学生会告诉她："我不会唱歌，因为在幼儿园的时候老师就跟我说了我唱不了歌。"然而在芬兰，老师们是绝不会给学生贴标签，或下类似"你做不了这个""你做不了那个"的结论，因为他们相信，每个人都是可以做到的。

这个时候，周轶君突然问了一句："如果有一个孩子真的不擅长数学，甚至特别讨厌数学呢？"

所有受访者都不约而同地回答道："那么我们会去思考，是不是我们的教学方法出现了问题，而不会去认为是这个孩子本身的问题，然后我们会去观察他对什么感兴趣，如果他喜欢汽车，那么我们就用汽车来教他数学，如果他喜欢玩乐高玩具，那么我们就用乐高玩具来培养他对数学的兴趣，总之，我们会悄悄地把数学知识植入他们感兴趣的东西，然后他就自然会掌握好。"

说实话，这是整部纪录片最打动我的时刻，这也让我突然间明白了，究竟是什么导致了僵固型思维的产生——它很大程度上取决于我们的归因方式。

我们每个人在成长的过程中，都会遇到学不好或者做不好一件事情的时候，假如我们把学不好归因于我们自身的问题，认为我们没有天赋，天生就学不好，这种归因方式就会导致僵固型思维的产生。一旦我们相信这是自己的问题，我们就会停止尝试和努力，并且会想尽办法避免失败和挑战，以此维护自己的自尊心。

相反，如果我们把学不好归因于那些可以改变和提高的事情，比如努力程度，学习和练习方法，等等，那么我们就不会因为自己做得不好而自我否定，而是会通过加倍努力或者调整自己的学习方法来改善自己的表现。这种归因方式就会发展出成长型思维。

不过，我们的大脑好像更喜欢把原因归于自己。这一方面其实与大脑偏消极的本能有关，另一方面无疑是与家长以及学校老师自己本身就缺乏成长型思维有关，因为他们就相信能力是天生的，所以，当他们发现小孩在某一方面做不好的时候，他们就会得出"你在这方面不行"的结论。对小孩来说，如果大人告诉他们"你不行"，那么他们就会真的相信自己是不行的。

回到一开始我自己的故事。在唱歌这件事情上，我过去拥有的就是典型的僵固型思维模式，当我发现自己唱得不好的时候，我很自然地把原因归结为自己的能力问题，认为自己缺乏天赋，而一旦把能力与天赋连接在一起，能力就成了无法提高和改变的东西。

后来，当我意识到声乐表演是一种可以习得的技能之后，我的思维模式就转变成了成长型思维模式，再次遇到困难和挑战时，我就不会把唱不好归因为自身能力有问题，而是把原因归结为自己练得还不够多，并坚定地相信只要努力练习，我就一定可以唱好。

这种归因方式也能很好地解释，为什么表扬孩子聪明会导致孩子形成僵固型思维，表扬孩子努力则会激发出成长型思维。这是因为表扬本质上就是一种归因，表扬孩子聪明就是把孩子的表现归于聪明，孩子在头脑中就会形成这样的信念："表现好就意味着聪明，表现不好就说明不聪明。"为了维护他们"聪明"的自我形象，他们就会拒绝做有挑战的事情。

表扬孩子努力则是把孩子的表现归于努力，此时孩子在头脑中就会形成截然不同的信念："表现好是因为努力，表现不好是因为不够努力。"于是，他们便会认为表现是可以通过努力提升的，只要不断努力，就能获得更好的成绩和表现。

## 不是学不会，而是不会学

有些人可能会对德韦克教授的成长型思维有一些误解，以为只要强调努力就是成长型思维，其实不然，成长型思维的核心在于相信能力是可以通过不断发展来提高的，此时做不好不代表就永远做不好。

努力对能力的发展来说固然重要，但努力并不一定就会带来进步和更好的表现，因为努力的方法也很重要。其实，正确方法在任何领域都存在，所谓正确方法就是用符合事物本身规律以及认知发展规律的方式去做事情，比如刻意练习就是技能学习领域的最佳方法。

如果方法本身有问题，那么你再努力也很难得到理想的结果。说实话，这个世界上有着太多很努力却没有成就的人，而当一个人特别努力，却依然得不到自己想要的进步和提升时，他照样会陷入僵固型思维，认为自己的能力天生就这样。

在知识的学习和技能的发展上，天赋、努力和方法都扮演着非常重要的角色。天赋，毫无疑问，是一种极大的优势，在某个领域拥有天赋的人会表现出强大的甚至是无师自通的学习能力，而且能很快体验到"心流"，因为天赋会让他们很快发现并掌握这个领域的潜在规律。

然而，就算没有突出的先天优势，我们依然可以通过后天的有效努力来获得出众的能力，这样的例子在现实生活中并不少见。从某种意义上来说，天赋和方法是可以互补的，天赋会让一个人不用特意学习就很快地找到并掌握规律，而正确的方法可以让一个人通过后天的学习来掌握规律，弥补天赋的不足。努力则可以被看作加速器，它会让有天赋或者懂得正确方法的人加速进步。

在天赋不足的情况下，正确、有效的方法就显得尤为重要，但问题是，学习方法的重要性却一直被严重忽略了。从小到大，我们都是凭着直觉去学习，老师也是凭着直觉去教，却从来不知道，学习和教学其实都是有方法的。正是因为不懂得正确的学习方法，大家只能受限于天赋，才会认为学不好是因为不够聪明，而一个人一旦产生了僵固型思维，并形成了"我不够聪明"这种信念，他就很难再实现自我突破了。可见，学会学习是一件多么重要的事情。

我们每个人应该都曾因为过去的某些失败经历，而在头脑中形成了一些否定式的自我信念，比如"我的写作能力很差""我的逻辑能力不行""我沟通能力很差""我不会演讲"等等。现在，我们知道了，之前做得不好，仅仅是因为我们没有系统学习和训练过，或者学习的时候不懂得正确的学习方法。这个世界上，其实没有什么事情是我们学不会的，只要有好的学习和练习方法，再加上足够多的训练，我们就一定可以掌握。

当然，可以学会并不意味着我们一定要去学，可以做也并不意味着一定要去做，因为每个人的时间和精力都是有限的，我们应该有计划地去选择自己的学习领域和投入方向。但最起码，有了这种"我可以"的信念之后，我们就会变得更有自信，也就不会因为"做不好"或"学不会"这些错误信念而在发展和选择上受到限制。

## 正确地面对错误和失败

为了让自己拥有稳定的成长型思维，除学会学习之外，我们还需要学会如何正确地面对错误和失败，这是因为不论我们的学习能力有多强，我们都免不了会经历犯错和失败，如果我们不能从积极的角度去看待错误和失败，它们就会对我们的成长和行动造成阻碍，并削弱我们的自信心。

能否从成长的角度去看待一切错误和失败，是成长型思维和僵固型思维的另一个本质区别。拥有僵固型思维的人正是因为对犯错和失败持有消极态度——把它们看作对自己的否定，而不是自我成长的机会——才会想尽办法去回避挑战，并在犯错的时候，对自己的能力产生怀疑，以至于最终得出"我不行"这样的自我否定式结论。所以，想要克服僵固型思维，我们还得努力改变自己对错误和失败的认知。

从本质上来说，错误和失败都不过是一种反馈信息，它们仅仅意味着，我们此时的行为结果与自己期待和想要的结果之间还存在着差距。这个时候，如果我们能够根据这种反馈不断调整自己的认知、策略或者行为，那我们就一定可以不断接近自己想要的结果。

对学习理论有一定了解的人都知道，纠错原本就是学习过程中最重要的一部分，因为所谓学习过程，就是一个从不会到会，从不熟练到熟练的过程，在我们还不会的时候，犯错是一定的，只有通过不断犯错我们才能暴露自己的不足和盲点，也只有通过不断纠错，我们才能真的学会，才能逐渐熟练起来。

所以，犯错和失败并不可怕，真正可怕的是不懂得从错误和失败中学习，就像这句话所说的那样："The only real mistake is the one from which we learn nothing.（唯一真正的错误是，我们没有从错误中学到任何东西。）"这个世界上真正厉害的人，也绝不是不会犯错的人，而是那些能够在发现错误之后快速纠错，从错误中获得成长的人。

当然，改变对犯错的态度绝不是一件容易的事情，因为我们对于犯错的恐惧可以说是根深蒂固的。我并不清楚大脑是否天生就厌恶错误，但是我敢肯定的是，后天环境扮演了非常重要的角色：从小到大，我们都被灌输着这样的信念，那就是我们不能犯错，因为每次犯错，我们都会遭到批评。久而久之，我们就会在头脑中将犯错和痛苦牢牢地联系在一起。为了避免痛苦，我们就会极力去避免犯错。因此，想要改变自己对犯错的态度，我们就得切断犯错和痛苦在潜意识中的连接，然后把犯错和积极的情绪连接在一起。

具体要如何去做呢？我们首先要做的，就是放弃"不能犯错"的完美主义，并且告诉自己犯错是不可避免的，每个人都会犯错，而且会一直犯错。

关于如何摆脱完美主义，复旦大学的陈果老师曾经分享过自己的经验。她说自己以前就是一个完美主义者，之所以会成为完美主义者，是因为当她做得好的时候，身边的人都会赞美她，于是她就会做得更好，而当她做得更好的时候，身边的人就会更加赞美她，结果，她就变得不敢做得不好了，因为她怕做得不好之后，就没有人赞美她了。

那么，她最后是怎么突破完美主义的呢？她的办法就是，故意暴露自己的不足，或者故意做得不好，然后让自己努力接受和习惯他人对自己的失望，而当她慢慢学会了如何安然地面对他人的失望之后，她也就走出了完美主义。

通常来说，只要我们能够接受自己的不完美，接受自己一定会犯错这个事实，我们就能从"不能犯错"的压力中解脱出来，也就不会那么害怕犯错了。不过，仅仅是接受自己会犯错还不够，我们还得赋予犯错积极的意义，也就是我们要从犯错中获益，要把错误变成帮助我们成长的工具。只有这样，我们才能彻底切断犯错和痛苦的连接，并把犯错和积极情绪连接在一起。

说到这里，我想分享一个我自己如何从犯错中获益的故事。过去这些年，我在认知水平和思考能力上都有了突飞猛进的成长，这种成长很大程度要归功于一个人，这个人就是《人文课堂》的老师——谢田老师。

我和谢田是因为工作关系认识的，他是个文化旅行家，我当时是一个旅行 App 创业团队的一员，所以我们经常需要见面探讨合作机会。

刚刚和他接触的时候，我就发现我们的聊天模式很独特，基本上都是他在说，我在听。为什么会这样呢？那是因为每次我表达了自己的某个看法或观点之后，他都会花近一个小时的时间从科学的角度来进行反驳，告诉我为什么我的观点是错的。

说实话，我一开始很不习惯，也会有一些抵触情绪，但我又找不到反驳的理由，于是只好听着。虽然说我当场可能不会完全接受他的观点（因为没有办法完全理解），但过后我都会反复思考，甚至会进行一些相关的阅读和研究，而每次深入思考之后，我都会发现他其实是对的。

有了几次类似的经历之后，我发现自己的抵触情绪完全消失了，不仅如此，我甚至特别期待他能指出我的错误，因为我知道，这是我纠正自己的错误认知，获得成长的最佳机会。就这样，我花了两年的时间，充分利用与谢田的聊天机会，把自己能暴露的认知错误全都暴露出来了，然后再通过思考和学习不断重构认知，更重要的是，我在这个过程中逐渐掌握了科学思维，并学会了如何更加理性地思考问题。

这个以纠错为主的学习过程不仅纠正了我头脑中的很多错误认知，还极大地改变了我对待错误的态度，因为经过这两年的时间，犯错和成长已经在我头脑中形成了相当紧密的连接。尽管当有人反对我的观点，或者批评我的时候，我有时还是会感到不舒服，但事后我都会花时间去思考对方讲的是不是有道理，是否有值得借鉴的地方，如果有，那么我就虚心接受。

关于如何改变对错误的态度，还有一个方法值得参考，那就是给自己建立一个错误档案或者错误日志，把自己犯的错误记录下来，当成学习素材，然后思考自己能够从中获得怎样的成长和收获。只要写一段时间的错误档案，我们就能够慢慢地在潜意识中把错误和成长连接在一起，也就能够学会从成长的角度去看待错误。

这个方法是我从瑞·达利欧（Ray Dalio）那里学来的，他在桥水联合基金就是用这种"错误档案"的方式，鼓励员工把自己所犯的错误都记录下来，然后供公司其他员工讨论和学习。他在《原则》这本中解释了自己为什么要这么做，他说："错误是一定会犯的。如果我们惩罚错误，其实就是鼓励大家把错误都藏起来。这样，我们就失去了从错误中学习的机会，这对公司造成的损失会更大。"

只要我们敢于直面错误和失败，并且能够把它们看作成长的工具，我们就不会再陷入僵固型思维模式，也就不会再因为犯错和失败而产生"我不行""我做不好"之类否定式的自我信念，而是能够从持续的成长中不断强化"我可以"的积极信念。

# 第二序列改变

美国斯坦福大学医学院精神病与行为科学系临床教授保罗·瓦茨拉维克（Paul Watzlawick）曾写过一本书《改变：问题形成和解决的原则》。在书中，他讲到了两种类型的改变：第一序列改变（First-order change）和第二序列改变（Second-order change）。

所谓第一序列改变，指的就是在同一思维框架中尝试解决问题：你只是在做法上进行了调整，但是你所关注和回避的东西、你看待世界的方式，以及你的价值观都没有发生改变。这样的改变很多时候是无效的改变，无法真正解决问题。第二序列改变则恰恰相反，它涉及的是视角、价值观和信念层面的改变。

如果你一直在努力进行改变，尝试了各种各样的办法却发现问题依然还在，比如你还是那么迷茫和焦虑，对自己还是充满了失望和不满，那么很有可能你所做的仅仅是第一序列的改变，而你真正需要的其实是第二序列的改变。

做好，那么我们就很难坚持到拥有成就感的那一刻，体验不到成就感，我们就不可能喜欢上这件事情。

## 自我效能与成长型思维

"我可以"这种积极信念，不仅是喜欢上某件事情的重要前提，它对任何需要长期持续的行为来说，都是极为关键的。这种积极的自我信念在心理学上叫作"自我效能"（Self-Efficacy），这个概念是心理学家班杜拉（Albert Bandura）提出来的，它指的是个人在面对某项任务时，对自己能否成功完成的主观评估。

关于自我效能，心理学家普遍认同这样一种看法，即自我效能是成功和幸福的最佳预测因素。这是因为一个人的自我效能感，很大程度上决定了他面对挫折和困难的态度——遇到困难时，如果你相信自己一定可以做好，那么你就会想尽办法去克服困难，因此，拥有较高自我效能感的人通常行动力和自控力都更强，能够把一件事情长久地坚持下去，也会在学习和工作中获得更高的成就。

不仅如此，高自我效能感还能给人带来掌控感，会让人觉得生活和工作中的大部分问题都是可控的和可以解决的，这种掌控感会大大降低焦虑情绪，提升幸福感。

那么，这种"我可以"的自我效能感到底从何而来呢？为什么面对困难和挑战，有的人会坚定地相信"我可以"，而有的人会陷入自我否定之中呢？

心理学家发现，自我效能感很大程度与个人过去的成功经验有我们人生中大多数的问题和烦恼，与我们的心态和看问题的视角有着很大的关系。有时只要换一个角度去看，你就会发现问题自己就消失了，根本不需要去解决，正如古希腊哲学家爱比克泰德所说的那样："人不是被事情本身所困扰，而是被其对事情的看法所困扰。"

一件事情本身并没有什么好坏之分，好坏只不过是我们对它的主观评判而已，它取决于我们看问题的视角。我们可以选择从积极的角度去看，也可以选择从消极的角度去看。不同的视角带来的感受是完全不同的。

假如你总是喜欢从消极的视角去看待问题，那么你的生活难免会充斥着不满和抱怨，但如果不管发生什么，你总能往好的方向想，那么你就会活得积极乐观。一旦你拥有了这种积极乐观的心态，你就会发现，自己不仅少了很多烦恼和焦虑，而且很多事情都开始往积极的方向发展，比如人际关系变得更和谐了，行动力也变得更强了。

不过，改变消极的思维方式可不是一件容易的事情，它需要一段时间的刻意练习（还记得吗，我曾经就花了半年的时间进行自我对话）。

具体要如何去练习呢？可以参考以下三个建议：

## 养成写成长日记的习惯

研究发现，当遇到情绪困扰的时候，如果人们能够把感受变成文字，或者只是简单地把它说出来，就能在很大程度上帮助调节情绪，让自己感觉好很多。这实际上就是写日记的意义和价值。不过，写的时候要尽量避免抱怨，只需把事件和自己的感受如实地写出来就好，比如发生了什么，这件事情当时让我产生了怎样的感受。

把事件和感受写出来还有另一个非常重要的好处，就是它利于我们进行认知重新评估（cognitive reappraisal），具体来说，就是通过改变自己的视角，让自己对那些原本会令我们痛苦或者沮丧的事物的体验发生变化。

举个例子，假设今天领导批评了你，说你某件事情做得不好，你可能会本能地把批评当作对自己的否定，并因此感到很沮丧和羞愧，但如果你能换个角度看待，把它看作进步和成长的机会，那么你就不会有消极情绪，而是会去思考怎样从中获得成长经验，以便下次做得更好。

其实，人类的大脑天生就有一种消极倾向，也就是说，相比积极信息，大脑会对消极信息更为敏感，也更容易从消极的角度去解读发生的事情。

这是有进化层面的原因的：要知道，在自然环境中，消极信息通常意味着威胁，如果没有立即注意到这些威胁，我们很可能会因此丧命。虽说积极信息对长期生存和发展很有价值，但对眼前的生存影响不大，正是因为当下的生存比长远发展更重要，大脑才会把更多注意力资源分配给消极信息。

然而，在日常生活中，我们是很难意识到自己这种消极思维倾向的，但如果有了写日记的习惯，我们就能在写日记的时候，有意识地去审视和调整自己的思维倾向，训练我们大脑的潜意识从更加积极的视角去看待生活中发生的事情。这种思维习惯一旦养成，以后不管遇到什么事情，我们都会很自然地从好的一面去看。

除此之外，我们还可以在日记中培养感恩的习惯，比如写下今天发生的一件值得感恩的事情，这件事情不需要是什么大事，任何平凡的小事都可以：它可以是他人一个温暖的微笑或者一句鼓励的话，也可以是那些平时被我们忽略了的家人的关心和照顾，甚至可以是一些我们习以为常的东西，比如健康、平安、阳光、空气、花草树木等等。

大量的心理研究都已证明，感恩练习能够有效地提高一个人的幸福感和生活满意度，也会让人变得更加积极乐观。在我过去的咨询案例中，我也常常看到一些咨询者因为坚持写感恩日记而发生巨大的改变。这其实很容易理解，因为感恩会让我们有意识地去关注生活中那些美好的事情，如果我们眼中看到的是美好，那么我们心中自然就会充满积极的能量。

我们可以把每天的日记当作睡前对这一天的简单反思和总结，趁机训练一下自我关怀的能力，以及主动式和成长型思维方式。最好找一个固定的时间写，不用写太多，300—500 字就好，这样比较容易坚持。偶尔错过一两天也没有关系，重新开始就好。

## 【成长日记案例分享】

为了方便你开始，这里分享一篇我的一位咨询客户的成长日记作为参考：

在里斯本待了近两个月之后，我和老公来到了他的老家——挪威，这里空气纯净，环境也特别好，还有和气细心的亲人。虽然住在他表弟家里，会让我感到很不自在，因为我一直都有这种超级怕麻烦别人的毛病，非常惧怕住在别人家里，但是我努力克服了社交恐惧症。

每次当我心里难受的时候，我会有意识地为自己做心理疏导，效果非常好，比如我摔坏了他表弟媳妇的手机屏幕保护膜，当时我心里特别自责，心想我为什么这么笨，为什么这么倒霉，为什么老天爷偏要跟我过不去！这个时候，我想到了自我关怀，于是安慰自己：这只是一个小小的意外，随时都可能发生，谁也控制不了，而且我也并不是总这么倒霉，也没人会因为这个意外觉得我很笨，并且因此而讨厌我，如果有，那就是他们自己的问题。想着想着，那种灼心的自责感突然消失了，紧接着，我马上跟老公商量，尽快给她买一个新的屏幕保护膜，好让我安心。

生活当中，挫折和意外是不可避免的，但最让我们痛苦的往往不是事情本身，而是我们认不清现实，不能从现实的角度出发，给出有效的解决方案。这次经历让我更加深刻地理解了"痛苦不可避免，但苦难可以选择"这句话的含义，所以感谢这次经历，也感谢我可以在自己感到痛苦的时候原谅和关怀自己。

## 给自己积极的心理暗示

不知道你有没有意识到，不管是认知重新评估还是感恩练习，它们本质上都是在利用意识去影响潜意识，不过除这两种方式之外，我们还有另外一个非常强大的工具可以使用，那就是自我心理暗示

（Self-suggestion）。

什么是自我心理暗示呢？简单来说，就是我们在内心自己跟自己说的话。事实上，这个工具我们平时经常使用，但只不过都是在无意识的状态下使用的，而且很多时候，我们给自己的都是一些不好的心理暗示。

比如说，当我们担心自己某件事情做不好的时候，我们会不自觉地在心里不断重复这样的话："我肯定做不好"或者"我肯定会失败的"。再比如，面对一件自己不愿意做的事情的时候，我们就会在心里暗自说："我真的好讨厌这件事情"或者"我真的不想去做"。

这些都属于消极的自我暗示，不仅对我们达成想要的结果毫无益处，还会激发更多相应的负面情绪，给我们的行动带来阻碍。要知道，信念的力量是极其强大的，因为你期待什么往往就会得到什么，这就是我们常说的"自我实现的预言"，在心理学上，它还有另一个叫法——皮格马利翁效应。

但是如果我们懂得如何有意识地运用自我暗示，那么我们就能充分利用它来为自己创造有利于行动的积极情绪，推动自己朝着想实现的目标前进。

说到积极心理暗示，我觉得我朋友中最会使用这个技巧的就是Sofia。Sofia曾经是一家著名英语教育机构的教育顾问。在刚进入这个行业的时候，由于没有客户资源，她每天都需要打大量的 cold call（陌生电话）。但是没过多久，Sofia就超过了那些入行时间比她久的同事，并很快就成了整个培训中心的销售冠军，有时候甚至是整个区域的销售冠军。

　　我是从来没有做过销售的，所以在我看来，打陌生电话是一件极具挑战的事情，因为十有八九都会遭到拒绝。了解到 Sofia 的这些经历和成就之后，我就特别好奇她平时是怎么应对这些拒绝的。有一次，我专门向她请教这个问题，Sofia 特别轻松地回答道："很简单呀，每次被拒绝的时候，我就告诉自己这很正常，不被拒绝才不正常呢。当我把拒绝看作一件正常的事情时，我的情绪自然就不会受影响。"

　　Sofia 还告诉我说，"这很正常"这句话其实是一个强大的情绪管理武器，不管是对她的孩子，对团队成员，还是对客户都特别管用，很多时候只要说一句"这很正常"，对方紧张的情绪立马就能平复下来。这么多年，她就是凭着这句话，让自己拥有了强大的情绪管理能力、沟通能力和解决问题的能力，她在职业发展的道路上也是一直处于直线上升的状态。

　　我们在日常生活中所遭遇的各种焦虑情绪，通常都是因为现实与我们内心的期待存在着冲突而导致的。积极心理暗示的一个最重要的作用，就是主动消除这种冲突，比如 Sofia 的那句"这很正常"就能很好地消除期待和现实之间的冲突，没有了冲突，我们也就不会因为抗拒现实而产生消极情绪。

　　再举个例子，假如你在行动的时候，感到内心有很大的阻力，那么肯定是因为你头脑里一直重复着一些消极的暗示，比如："我不想做""我等一下再做""我做不好"等等。这个时候，如果你能给自己一些积极的心理暗示，比如告诉自己"我想做""我现在就准备做""我要努力做好"，那么你内心的抵抗情绪就会少很多，行动就会变得没有那么困难了。

值得一提的是，自我暗示的用词是非常重要的，千万不要对自己说"你必须……"之类的话，因为这会让我们有种压迫感，很有可能会引发自己内心的抗拒情绪。要用第一人称"我"，要对自己说"我要……"，这样的表达能够满足我们对自主性的心理需求，当我们告诉自己，这件事情是我们自己选择去做，而不是被迫去做的时候，我们的主动性会更强。

## 让每天都有个积极的开始

最后的建议，是做一个让你每天一起床就能够进入积极状态的练习，这个练习叫作"启动练习"（Priming）。它是美国最具影响力的人生激励大师托尼·罗宾斯（Tony Robbins）自己创造和设计的一套方法，也是他每天起床之后必做的练习。

Priming 实际上是心理学上的一个术语，它专门用来描述这样一种现象，即预先的体验会影响之后的状态和行为，比如说，当你在电影院看完一部热血澎湃的励志电影之后，你会突然间觉得自己好像有了奋斗的动力，对自己也更有信心了；当你某一天心情特别糟糕的时候，你会觉得这一天好像什么事情都不顺，看谁都不顺眼。这些都是典型的 Priming Effect（启动效应）。

托尼·罗宾斯设计的启动练习就是以这种效应为基础：既然我们的状态和行为会不自觉地受到预先体验的影响，那为什么不把这种心理效应充分利用起来，为自己服务呢？假如我们能够在这一天开始的时候，主动为自己创造一些积极美好的体验，那么接下来的一天我们岂不是都能因此而受益？

这个练习的具体步骤如下（我在托尼设计的练习的基础上进行了一些调整）：

1. 坐下来：找一个相对安静的地方，坐好。双脚放在地板上，肩膀向后，胸口向上，颈部伸直，头抬高。

2. 呼吸：调整你的呼吸，深呼吸。呼吸的时候，可以把一只手放在胸前，感受心脏跳动的力量。进行 3 组呼吸练习，每组 10—15 次，每组之间暂停 1 次。（建议时长：2 分钟）

3. 感恩练习：想想值得感激的三件事，它们可以来自你的过去，也可以来自你的现在或未来。它们不需要是什么改变你人生的重大事件，任何小事都可以，比如过去鼓励和帮助过你的老师，家人对你无微不至的关爱，今天美好的天气。进入第一件事情的想象画面，大约一分钟后，转到第二件事，然后转到下一件事。（建议时长：2 分钟）

4. 自我疗愈：现在是关爱自己的时候了。你可以想象彩色的光照在你身上，填满了你的整个身体，治愈了你身上所有需要治愈的地方，把你心灵深处的伤痛和恐惧一个个都带走，然后尽情感受你身体和心灵被光填满时的温暖和舒适感。（建议时长：2 分钟）

5. 分享关爱：现在把你刚刚通过疗愈所获得的能量分享给其他人，让这种能量溢出你的身体，想象它涌向你的家人、朋友、同事、客户，以及你甚至只见过一次的陌生人。（建议时长：1 分半）

6. 自我激励：接下来的两分钟，想想你最重要的三个目标，它们可以是长期的奋斗目标，比如成为一个什么样的人，拥有什么样的能力和才华；也可以是中期的今年的目标，比如实现一个什么样的突破；或者是短期的这周的目标，比如完成一件什么任务。

想象这些目标现在都已经实现了，体会一下那种实现之后的兴奋和喜悦感，然后想一想，为了实现这个目标，你今天需要做出怎样的努力？鼓励一下自己，告诉自己："不管遇到怎样的困难，我都会积极面对。"（建议时长：2分半）

7. 迎接新的一天：花点时间舒展一下筋骨，回想一下你刚刚做的所有积极练习。你现在已经把自己调整到最佳的自我状态了，保持这种状态，然后出门，去征服这一天，不要让今天的自己留下任何遗憾。

扫描二维码，可以免费获得启动练习的引导音频

假如你真的能够把这三件事情坚持下去，比如每天早上起来花10分钟进行启动练习，白天利用积极的心理暗示及时调整自己的心态，晚上用日记的方式对这一天进行总结，培养感恩之心，那么一段时间之后，你就会发现你整个人都变得越来越积极，状态也会越来越好。

# 03
**PART**

## 打造自我
## 实现系统

# 把问题转化成目标

日常生活中，我们经常会遇到各种各样的问题。面对问题，大多数人的本能反应就是问怎么办。这实际上是一种错误的解决问题的思维模式。为什么是错误的？很简单，因为你连问题是什么都还不知道，怎么去解决问题呢？

你可能会觉得很困惑：问题不就摆在这里吗？为什么说我"连问题是什么都还不知道"呢？

这是因为，"问题"这个词其实有着多重含义：当我们说自己遇到某个问题时，我们想表达的意思其实是，我们遇到了一个自己不想要的状况，或者现在的处境是我们不想要的，此时"问题"代表的是某个我们不想要的状态或处境，而当我们向他人寻求帮助，别人问"你的问题是什么"的时候，他们真正想知道的其实是"你想要的是什么"，此时"问题"代表的则是现实状态和理想状态之间的差别。

## 问题思维 vs 目标思维

明白了这两种不同的含义之后，你也就能明白，为什么在遇到问题时不应该先问"怎么办"，而是得先思考"问题是什么"，也就是要问自己"我想要的是什么"。

假如你在还不知道自己想要什么的情况下，就去思考"怎么办"，那么你的大脑就会把"怎么办"翻译成"我怎么样才能摆脱这不想要的状态"。这就会迫使你把全部的注意力都放在那个不想要的状态上。

可问题是，行动是需要目标来提供方向的，没有方向，你便不知道如何行动，于是就只能原地打转，陷在一种焦虑的状态中出不来。人在焦虑的时候，会很容易想到更多不好的事情，制造出更多的焦虑和担心，结果就更加出不来了。

如果你是在知道自己想要什么的情况下去思考"怎么办"，那么你的大脑就会把"怎么办"翻译成"我怎样才能达到我想要的状态"。这个时候，你的注意力就会放在想要的结果和状态上。有了明确的目标之后，你的大脑便可以根据这个目标来思考和规划接下来的行动。

大脑的规则其实很简单。我们的大脑就像是一台被设定好的机器，只要你输入了消极的想法，比如你总是在关注那个不想要的状态或者某个你害怕出现的结果，那么你就一定会得到消极的感受，如果你想要动力，想要积极的情绪，那么你就得输入那些能够让你激动和兴奋的想法，就得把注意力放在想要的结果和状态上，用想要的结果来激励和引导自己。

这就是为什么遇到问题如果想要解决，你就得先理解和定义问题。这个理解和定义问题的过程，实际上就是一个明确现状和目标的过程。有了目标之后，你才会知道如何去做接下来的行动计划，否则你就只能在无效的思考中不断强化负面情绪，问题也就不可能得到解决。

当你养成了问自己"我想要的是什么"的习惯，并懂得把自己的注意力保持在想要的状态上，而不是总想着那些不想要的结果之后，你便成功地从"问题思维"转变成了"目标思维"，这种思维习惯可以说是所有高效能人士共有的底层思维习惯。

问题思维：我讨厌现在的状态，我怎样才能摆脱它？

目标思维：我现在的状态是 X，我想要的状态是 Y，怎样才能达到 Y？

## 找到那件最重要的事情

明确了问题，知道了自己想要什么之后，接下来就可以进入解决问题的阶段，也就是思考"怎么样才能达到自己想要的状态"。如果说定义问题的关键在于明确自己想要的是什么，那么解决问题的关键则在于准确找到实现目标的策略。

说实话，这个寻找策略的过程并不简单，因为生活和工作中真正会对我们造成困扰的，大多都属于复杂问题，这里所说的"复杂"指的是，我们想要追求的结果通常是一种动态平衡的状态，这种状态会有很多影响因素，这些因素之间又存在着错综复杂的相互关系。这就为问题的解决带来了极大的复杂性和不确定性，因为短期来看，很多策略都看似对结果有影响，但这种改变是暂时且不可持续的（只是暂时打破了之前的那种动态平衡），过不了多久，一切又会回到原来的状态，问题依然存在。

不过值得庆幸的是，对任何一个复杂问题来说，重要的影响因子通常只占极少数，甚至就只有一两个，而不重要的因子占绝大多数，所以，只要控制了这些重要的少数因子，就能控制全局。

从这个角度来说，解决问题或者说实现目标的关键，就是要找到那些对结果会产生重要影响的关键点，因为只要找到了这个关键点，然后把精力集中在这些事情上，我们就能得到想要的结果。这实际上就是大家所熟知的"二八原则"。

关于如何把"二八原则"用在生活和工作中，美国地产大亨加里·凯勒（Gary Keller）给出了一个非常好的实用建议，那就是"最重要的事情只有一件"，这也是他在带领公司走出经营危机的过程中总结出来的最重要的经验。

加里·凯勒是世界上最大的地产公司之一"凯勒威廉姆斯国际房地产公司"的董事长。他的公司曾经陷入了非常严重的经营困境，为了让公司走出危机，他做了很多努力，但最终的结果还是一团糟。

这个时候，他的导师给了他一个建议：他此时只需要做一件事情就能扭转公司的处境，那就是设定 14 个关键人，然后指派给真正能胜任的人。尽管心存怀疑，但加里·凯勒还是决定照做。于是他辞去 CEO 职位，专注于寻找这 14 个关键人。

这个决策被证明是正确的——不到 3 年时间，他的公司便实现了持续赢利，而且以非常快的速度成长。

但是一段时间之后，加里·凯勒又发现了新的问题，这14个关键人虽然能够完成他们承诺的大部分工作，但是有时候最重要的工作却没有完成。这导致他们的工作陷入困境。

于是，他尝试让这些人简化并专注于最重要的工作，从"本周需要做几项工作"变成"本周最重要的三项工作"，再到"本周最重要的两项工作"，但依然不见起色。绝望之下，他打算试一试"只做一项工作"这个方法。结果，这14个关键人的业绩直线上升。

从那以后，加里·凯勒便把"只做一件事情"定为他最核心的管理策略，并把它运用在生活和工作的方方面面。在加里·凯勒看来，无论工作还是生活，要想取得最好的结果，就要尽量缩小目标，因为决定我们能否成功的不是做的事情是否足够多，而是做的事情是否正确，以及我们在这件事情上是否足够专注。

所以，在寻找解决问题的方法和实现目标的策略的时候，你也可以采取加里·凯勒的建议，即学会问自己："为了得到自己想要的结果，我要做的那件最重要的事情是什么？"

当然，这个问题的答案很大程度上取决于你的经验和相关知识积累。你在一个领域耕耘的时间越长，对这个领域的底层逻辑理解得越深，那么你对关键点的把握就越准，解决问题的能力自然也就越强。

## 别把手段当目的

有了策略之后，接下来就要开始行动，进入策略的执行阶段了。

不管我们想要的是什么，最终我们都必须通过行动去获得，只有得到了想要的结果，实现了想要的目标，问题才算最终得到解决。

不过，你需要明白的是，依照策略去行动，并不一定就能得到自己想要的结果。这是因为所有行动本质上都是一种实现目标的手段，你会选择怎样的手段去实现目标，取决于你对关键点的判断。然而，这种判断仅仅是一种主观猜测，它有可能是错误的，也就是说，你选择的手段很有可能不是实现目标的有效策略。

如果不明白这个道理，你就很容易混淆手段和目的。实际上很多人在行动过程中会不自觉地犯这样的错误，误把手段当成目的去坚持，而从不去思考做这件事情是为了什么。

假如一件事情你做了很长时间，都没有得到自己想要的结果，那肯定是因为你选择的手段是无效的。这个时候，你就得及时停下来反思，而不是继续坚持下去，因为如果此时的手段无法帮助你实现目标，那么一切努力都是无效的努力。

所谓反思，实际上就是退后一步，回到问题和目标的阶段，然后重新问自己这些问题：我要解决的问题是什么？我想要的结果到底是什么？

当回到定义问题的阶段之后，有时你会发现，自己对问题的理解已经发生了改变，想要的东西也不太一样了。这是很有可能会发生的，因为人的想法并不是一成不变的，而是会随着经历的增加而发生改变。不管你的想法是否发生了改变，对目标重新进行思考，都能帮助你从更高的视角来审视自己的行为和选择，避免盲目努力。

重新审视完目标之后，你还需要对手段进行调整，也就是重新思考关键点和解决方案，然后再根据调整继续行动。

这个过程就是我们常说的"试错"。试错是解决问题追求目标过程中不可避免的，因为当你不知道该如何去解决某个问题的时候，唯一的办法就是去尝试，先选择一个可能的解决方案去行动，如果失败，那就选择另一个可能的解决方案接着尝试下去。

说到这里，我们不仅知道了面对问题时正确的思维方式应该是怎样的，还了解了从明确问题（目标），到找解决方案（关键点），再到行动、反思和调整（试错），直至目标得以实现，这个完整的问题解决过程。

你可能会觉得这个过程有些复杂。的确如此，因为解决问题的过程原本就是动态的，充满着不确定性的，是思考和行动并行的，思考为行动提供方向，行动为思考提供反馈。

有了这样的正确认知之后，你就会懂得，在遇到问题，特别是复杂问题的时候，不能期待问题马上就得到解决，也不能执着于确定性，觉得必须等到有了确定的答案才开始，因为你不可能得到确定的答案，一切行动本质上都是在试错。

即便你一开始的目标和策略是错误的，这也没有关系，要知道，目标的作用仅仅是让你开始行动，只有行动起来了，有了真实的反馈，你才有可能对自己一开始的思考进行评判和纠正。

况且，真正重要的，其实并不是最后的结果，而是这个过程——你能否在这个解决问题的过程中，通过持续的思考、行动和试错获得各方面能力的积累与提升。说到底，能力才是最为宝贵的个人资本，不是吗？

**【案例分享】**

以上所说的，实际上就是我平时在生活和工作中思考和解决问题的思路，我解决问题的能力也正是在这样的持续思考和行动中慢慢发展出来的。为了帮助大家更好地理解和运用这套解决问题的思路，我再分享一个自己的真实案例。

我做公众号初期，有一段时间过得很焦虑。之所以焦虑，是因为我要求自己每周至少推送一篇文章，可问题是，有时候我就是没有灵感，写不出来。有一次，又到了要推送文章的时候，我当时其实准备了一篇文章，但是这篇文章我自己并不满意。为了做出是否推送的决定，我就只能逼着自己去反思。

表面上看，我的问题是怎样保持每周一篇文章的推送频率，但是这是真正的问题吗？当我深入问自己为什么一定要保持推送频率的时候，我发现这个规则的背后其实是我内心的恐惧：我害怕如果不持续推送，大家就会取消对我的关注，而在我看来，拥有一批忠实的读者对于我未来事业的发展以及我自我价值的实现是至关重要的。这个时候，我才恍然大悟：原来我真正想要和渴望的是自我价值的实现，而非保持一定的推送频率，我之所以会在意推送频率，是因为我需要保持忠实读者的持续增长。

紧接着，我继续问自己：为了保持忠实读者的增长，我要做的那件最重要的事情是什么？很快我便有了答案：其实，读者选择关注我，并不是因为我能够以一种很高的频率推送文章，而是因为觉得文章内容有价值，对其有帮助，所以数量不是关键，关键在于质量，如果没有办法同时保证数量和品质，那么我就应该放弃对推送频率的执着，把精力放在质量上。

想明白这些问题之后，我感觉自己瞬间解脱了，我再也不需要为了推送而推送，也不需要担心读者会因此而取消关注，因为我知道，真正欣赏我的读者一定会保持关注，而我需要做的，就是把精力放在自身能力的提升上，比如通过学习、思考和写作来解决自己头脑中的困惑，然后用实践来检验自己的方法和理论，最后再把自己的所有积累转化成对他人有价值的内容和产品。

从那以后，我便踏实地专注在自己认为有价值的事情上，不再因为一些自己掌控不了的事情而焦虑和担心了。

# 想清楚
# 为什么再开始

身边了解我的朋友，都特别佩服我的一个能力，那就是行动力超强。每次有了一个想法，我都能非常快地展开行动，并且在计划的时间内把这个想法变成现实。这种强大的行动力不仅是我的核心优势之一，也是我自信的重要来源。

为什么我的行动力可以如此之强呢？前面说到的积极的自我信念和目标思维无疑都发挥了重要的作用，但是这并不是全部，还有另外两种思维扮演着非常重要的角色，它们分别是："为什么"式思维和"是什么"式思维。

"为什么"式思维是一种抽象思维，它关乎的是目标背后的动机。这样的抽象式思考是非常必要的，它能够帮我们把要做的事情与一个更大的目标或者一个我们想要的未来连接起来，赋予目标以意义。

抽象的思考往往让人激动，因为它们会让我们想象一个可能的美好未来，但问题是，如果思考只停留在这个层面，那么这个未来就永远只存在于想象之中。要把头脑中的想法变成现实，我们还得依靠"是什么"式思维的帮助。

与"为什么"式思维完全相反，"是什么"式思维是一种具象思维，它关乎的是具体的东西，比如具体的结果，具体的行动，等等。这样的具象思考同样非常重要，因为它帮助我们把抽象的思考逐步具体化，直至具体到当下可以执行的任务。

这两种思维对于目标的设定与实现都是极为关键的。从本质上来说，目标其实是未来与现在的重要连接点：它的一端连接着我们想要的未来（愿景），另一端则连接着我们当下要做的具体事情（行动），只有实现了这两种连接的目标，才能发挥其应有的作用，即在给予我们动力的同时，为我们的行动提供具体指导。

## 改变的五个情绪阶段

心理学家发现，当我们想要进行一项行为改变的时候，通常会经历五个情绪阶段。

第一个阶段叫作盲目乐观阶段（Uninformed optimism）。这个阶段发生在我们想要追求某个目标的时候。这个时候，我们满脑子想到的是改变实现之后的场景，这让我们非常兴奋和激动。

第二个阶段叫作消极阶段（Informed pessimism）。这个阶段的特点是，消极情绪逐渐取代了之前的乐观情绪，因为我们发现这件事情远比想象的难，这个过程中充满了困难和挑战，比如当我们接触一个新的领域，或者做一件以前没有做过的事情时，我们会有一种摸不着头脑的感觉，因为所有东西都是新的，是自己不熟悉的，这就会导致认知超负荷，并让人产生极大的焦虑感。

第三个阶段叫作绝望阶段（Vally of despair）。随着挫败感和焦虑感的加强，我们会感觉越来越绝望，因为目标的实现似乎变得遥遥无期，而眼前的痛苦却是那么真实和难以忍受。面对这种痛苦和绝望，最初的目标似乎变得没有那么重要了，之前的兴趣也完全消失了。这个时候，有一种方式能够快速结束这种痛苦，那就是放弃。

第四个阶段叫作合理乐观阶段（Informed optimism）。很多人在痛苦面前选择了放弃，但实际上，如果坚持下去，一段时间之后，我们就会对要做的这件事情感到渐渐熟悉起来，那些与目标相关的任务也会开始变得越来越简单。这个时候，我们的情绪会从之前的消极再次回到积极的状态，自己的信心也会不断加强。这个阶段，我们要做的就是继续坚持。

第五个阶段叫作成功阶段（Success and fulfillment）。最后，我们终于成功地实现了自己的目标，我们也从中获得了极大的满足感和成就感。

了解了这五个情绪阶段之后，我们就能更清楚地明白"为什么"式思维的重要性了，因为当我们身处消极和绝望阶段时，我们需要一个强大的理由来提供继续下去的动力，如果我们不知道自己为什么要做这件事情，或者这个"为什么"不足以支撑我们去克服这个过程中的种种困难，那么最后的结果一定是放弃。

## 追求自我和谐的目标

那么，我们要怎么去训练自己的"为什么"式思维，什么样的动机才能给我们带来足够、持久的驱动力呢？

泰勒·本－沙哈尔（Tal Ben-Shahar）曾在他的《幸福的方法》一书中提到，目标对于持续的幸福感很重要，然而并非所有的目标都值得追求，一个目标能否增加我们的幸福体验，能否给予我们足够的动力，关键在于它是否具有自我和谐性（self-concordant）。

什么是自我和谐的目标？简单来说，这些目标必须是出于我们真实的愿望和兴趣，属于自主选择，而不是他人所强加的或者出于某种外在的压力。这里的"自我和谐"，指的是与自我发展兴趣和内在价值观和谐一致，不存在冲突。

一般来说，我们做一件事情背后的动机可以分为两大类，内在动机和外在动机。如果我们做一件事情，不为别的，就是为了这件事情本身，是因为我们真的很喜欢，很享受它，那么这个时候我们的动机就属于内在动机，我们做这件事情的动力完完全全是由内而来的，没有任何外力的作用，也不是为了得到什么。

拿我自己来举例子，曾经有两件事情是我特别热爱的，一个是画画，一个是学英文。我小时候对画画的喜爱简直到了疯狂的地步，我记得上小学的时候，老师在上面讲课，我就在下面偷偷地画画，我在家里，也经常独自待着画好几个小时的画，把自己头脑中的故事、人物都画出来。

初中之后我开始接触英文，从那以后我的兴趣就慢慢地从画画转到了英文，我对英文的热爱也真的可以用痴狂来形容，我只要有空就会读英文，听磁带，然后跟着模仿，所有的课文我都背得烂熟，可是课本根本满足不了我的需求，于是，我买来很多磁带和课外读物去听，去读，去模仿。

这就是典型的内在动机，为什么我会那么喜欢做这些事情呢？说实话，一个很重要的原因就是我在这些事情上是有独特天赋的，所以我很享受。通常来说，人都会对自己有独特天赋的事情表现出极大的兴趣，并且会愿意在这件事情上投入大量的时间和精力。当一个人是完全出于内在兴趣、内在动机去做一件事情，那么这个时候的他就是最真实的、最快乐的，自我和谐性也是最高的。

了解了内在动机，我们再来看看什么是外在动机。

外在动机实际上还可以细分成四个不同的层次，分别是外部动机（external motivation）、内摄动机（introjected motivation）、认同动机

（identified motivation）和整合动机（integrated motivation）。它们之间的关键区别在于目标的内化程度，或者通俗一点来说，在于它与我们自认为的"真实自我"有多接近。

外部动机：我们被迫去做某件事或仅仅因为外部的奖励而去做某件事情，比如完成了某项任务就能得到报酬，完不成某个任务就会受到惩罚。这样的事情通常是我们觉得"不得不做"的事情。

举个例子，如果你去工作仅仅是为了赚钱养活自己，或者你完成领导给你的工作任务仅仅是为了不被批评，那么这个时候你的动机就属于外部动机。外部动机的自我和谐性是最低的，如果你生活中大部分事情都是属于这种类型的事情，那么你的幸福感就会非常低，生活中缺乏活力与动力，不知道自己为什么而活。

内摄动机：我们接受了某种外部评价标准，比如社会主流对成功的定义，并主动用它来要求自己。这种类型的动机与自尊息息相关，其背后真实的目的大多是自我防御——维护或提升自己在他人眼中的地位/社会地位，是为了满足社会、父母对你的期待，为了让自己看上去更成功、更优秀、更有面子。

内摄动机的内化程度稍微高一些，因为这类的目标是我们自己要求自己去追求的，但我们去做不是因为这件事情本身对我们来说多重要，而是为了避免某种痛苦，避免不被社会接纳和认可的痛苦。

认同动机：当我们认为某个目标对自己来说真的很重要，与自己的内在价值观一致，与他人及社会对我们的要求和期待无关时，这样的目标就能给我们带来一种和谐感和意义感，你在做这件事情的时候，就不会有被迫或者不自由的感觉。

整合动机：整合动机的自我和谐性最高，这样的事情对我们来说不仅是重要的，它已经和我们的自我融合在一起了，已经成了我们的人生梦想、人生追求，甚至是人生使命，比如有人愿意花大量时间磨炼自己的绘画技能，是因为他想成为一名出色的画家，有人愿意把自己的一生献给某个领域，是因为他们的人生追求就是在这个领域做出自己的贡献。

自我和谐的目标之所以能够给人带来强大的动力和幸福感，是因为自主是人性中最为重要的基本需求之一，只有当我们真正认同某件事情的时候，我们才会在做的过程当中体会到和谐感、自由感与意义感，才会愿意在这件事情上投入大量的精力和时间，也就不会因为遇到困难而退缩和放弃。

## 向内思考：寻找内在动力

生活中，我们经常会给自己设定各种各样的目标。不管这些目标是什么，它们背后都存在着某种动机和理由，这种动机往往藏在我们的潜意识当中，很难被察觉到。想要理解这种动机，我们就需要通过反思"为什么"，来把背后那些更为深层次的东西挖掘出来。这个自我挖掘的过程就是我们平时经常听到的"向内思考"。

有了这样的反思，我们便能把潜意识层面那些自己意识不到的东西带到意识层面，也就能够看清楚，自己想要做这件事情，到底是因为这个目标真的很重要、很有意义，还是因为想要摆脱那种觉得自己不够好的自卑感，或者是为了追求一种优越感，让自己看上去更成功，更有社会地位。

假如我们发现目标背后的动机属于后者，那么我们就得主动对它进行调整，因为这样的目标属于以结果和表现为导向的绩效目标，而非以过程和成长为导向的成长目标，它不仅没有办法让我们在追求的过程中获得精神上的满足感，还会使我们很容易因为困难和挫折而放弃。

怎么调整呢？关键在于重新为这件事情赋予意义，比如将它与真实的自我发展或者自己真正看重的一些东西连接起来。当我们想清楚了自己为什么要做这件事情，并从中找到了意义之后，我们便有了战胜困难的力量和勇气。

当然，经过反思，我们也有可能会发现，这个目标对自己来说并不是真的那么重要，这件事情也并非真的"不得不"做。这个时候，我们就应该勇敢且果断地放弃这个目标，然后把精力放在对自己来说更为重要的事情上。

这种向内思考的能力对自我发展来说非常重要，因为拥有目标最重要的意义和作用，并不在于"实现"它们，而在于目标能够给予我们一个明确的奋斗方向，让我们投入其中，享受这个为目标不断努力、不断自我突破的过程，也就是说，中间的奋斗过程远比最后的结果重要，而决定我们能否投入其中的不是目标本身，而是目标背后的动机，即我们为什么要做这件事情。

平时，我们总是羡慕那些能够把事情坚持到底，并最终取得突出成就的人，但我们不知道的是，他们之所以能够持之以恒，关键原因并不在于他们的自控力，也不在于他们的时间管理技巧，而在于他们有着强烈的内驱力。这才是成功的真正秘诀。

# "好目标"背后的秘密

心理学中有个概念，叫作"心理距离"（Psychological Distance），它描述的是人类大脑的一种特殊能力，那就是在抽象和具体之间相互转换的思考能力。

什么是"心理距离"？简单解释就是，只要我们思考的内容不是此时此刻的自己，心理距离就会产生，思考的内容离此时的自己越远，心理距离就越大，比如思考明年的自己所产生的心理距离，就比思考明天时产生的大。

心理距离的大小决定了我们的思考是抽象还是具体，心理距离越大，我们的大脑就会在更加抽象和更高的层次进行信息加工，随着心理距离的缩短，我们的思考内容也会慢慢变得更加具体。

大脑的这种特点就意味着，当我们考虑未来或者长远计划的时候，我们一定是以一种抽象的方式在进行思考。如果我们想要把这种想法变成现实，那么我们就必须缩短心理距离，把自己从未来拉回现在，然后去思考，为了创造那个想要的未来，我们此时需要做的是什么。这便是"是什么"式思维。

通过更为具象的思考，我们最终得到的是一个能够给予我们行动指引的具体目标。目标若是不具体，大脑在面对这目标的时候就会不知道从何下手。不过，仅仅是具体还不够，它还必须是可衡量的、可控的，以及短期可以实现的。只有满足这几个条件的目标，才算得上是"好目标"。

## 学会将抽象想法落地

如果你曾经看过有关目标管理的书，我敢肯定，你一定听过"目标必须是具体且可衡量的"这个建议，我也敢肯定，即便你知道这个建议，你依然会给自己设定类似"提高写作能力"这样的目标。

最后的结果你不说，我也能猜到：你的写作能力并没有提高，因为你根本就没有开始写。为什么会这样呢？很简单，因为你的目标不符合"具体且可衡量的"这个标准，"提高写作能力"这样的目标太抽象了，它无法为行动提供具体的指导。

那么，什么样的目标才是具体且可衡量的呢？

说到这里，我想分享一个我很多年前重学中国历史的故事，这也是我第一次意识到"把目标具体化"的好处。

历史是我中学时期最讨厌的一门学科，因为历史老师讲课讲得实在太无趣了，根本激不起我的兴趣，而且我很贪玩，不愿意花时间去死记硬背那些历史知识，以至于我的历史成绩一直都很差。

但是，后来随着年龄的增长，我逐渐意识到了历史知识的重要性，因为我发现有很多事情必须从历史的角度出发才能真正理解，我也会为自己不懂历史而感到有些自卑。为了弥补这种历史知识不足的缺憾，我决定重新学习一遍中国历史。

在亚马逊搜索历史书的时候，有本书特别吸引我，书名叫作《你一定爱读的极简欧洲史：为什么欧洲对现代文明的影响这么深》。等到快递员把这本书送到我手中时，我才发现这是一本薄得令人惊讶的书，才 230 页！

书的引言中有这么一段话："历史书总是会触及众多的人物和事件，这是历史的好处之一，带领我们贴近人生。不过，这一切有什么意义呢？哪些才是真正重要的东西？"读到这段话的时候，我不禁问自己：学习历史的意义和价值到底是什么？我又该用一种怎样的方式去重新学习历史呢？

不得不说，这本书给了我一个看待和理解历史的全新角度。读完这本书之后，我也清楚了自己重新学习历史的目的：我想要从宏观的角度去理解人类文明的发展规律，找到中国文明的基本元素，从本质上去了解中国文化的特点以及其背后的原因。此外，我还给自己设定了一个具体的任务，即最后要以一篇文章的形式去总结自己对这些问题的思考。

带着这个具体任务，我开始了中国历史的学习。由于我选择的是宏观视角，在这个过程中，我忽略了大部分的人物、事件等细节，更多地关注历史的发展规律以及这些规律背后的原因，并且同步记下自己的相关思考。

三个月之后，我顺利地完成了一篇五千多字的文章，总结了我在这个学习过程中发现的一些人类社会发展的内在规律，以及对中国文化塑造起到了关键性作用的几个历史节点。

这次"输出"的经历让我感触特别深，也带给我特别大的启发。在此之前，我也经常为自己设定各种各样的学习目标，但最后基本都是以失败而告终。这次经历让我突然间意识到，把目标变成一个有挑战、有明确产出结果的具体任务，是个非常明智的策略，能够大大提高目标实现的可能性。

从那以后，不管我要做什么，我都会把这件事情变成一个有截止日期和明确产出结果的项目，因为我知道，只要完成了这个项目，与之相关的目标自然也就实现了。比方说，我就从来没有给自己定过"提高写作能力"这样的目标，我只会给自己定具体的写作任务，而我的思考和写作能力就是在一项项具体的文章写作任务和反复的修改中自然提高的。

当然，我们会发现，生活中有些目标是没有"完成"和"产出"的概念的，而是需要一直持续下去，比如健身、健康饮食等等。这个时候，我们要做的就是将这些事情"习惯化"，不过对于这种"习惯式"目标，我们依然需要有具体明确的可衡量标准。

比方说，如果你想要自己更健康，拥有良好的运动习惯，那么单单设定一个"每周运动"的目标是没有多大帮助的，你一定要明确具体做什么，什么时间，以及具体的频次。"每周一到周五，早上6点，晨跑1小时"就是一个非常具体的目标，它实现的可能性肯定要远远大于类似"每周运动"这样的目标。

## 别高估了自己的能力

我的一位朋友曾经跟我讲过这样一个困惑：她每天都会给自己列一个任务清单，但她发现自己经常会出现任务完不成的情况。我让她给我一个具体的例子，她说，那些完不成的任务大多都是和同事有关，比如让同事完成一个设计图，但是同事总是会拖延，这就会导致她的任务完不成。

听完她说的这个例子之后，我立马就知道问题出在哪里了——她给自己定的这个任务是她自己无法掌控的，因为这个任务是否能够完成，以及什么时候能够完成，并不由她自己控制，而是取决于她的同事。

所以，她的困惑很好解决，只要改变一下任务的描述就好，只写自己有能力掌控的事情，而不写那些自己掌控不了的事情，比如把任务从"完成设计图"调整为"与同事沟通设计图的任务，并明确完成的时间"。这样一来，这个任务就变成了自己可以掌控的事情，也就不会出现因为他人的拖沓而完成不了的情况。

事实上，目标设定也是同样的道理。假如你给自己定的目标是不可控的，那么你就很容易在行动过程中产生焦虑感和无助感，这不仅会影响你的行动力，使得你无法朝自己想要的目标迈进，甚至还会让你对自己失去信心。

如何判断一个目标是不是可控的呢？

心理学研究表明，人在面临任务时心理上会有 3 个区域：舒适区、学习区和恐慌区。假如我们面对的事情是自己熟悉的、得心应手的，那么做这件事情的时候，我们就是处于心理上的舒适区。假如这件事情对我们来说有一定挑战，但依然在我们的能力范围内，我们相信自己有能力把它做好，那么它就属于我们的学习区。但如果这件事情超出了我们的能力范围，会给我们带来很大的焦虑感，甚至是不堪重负的感觉，那么它就属于我们的恐慌区。

一个目标只要不是在恐慌区，那么它就属于可控的目标。虽说位于舒适区的目标也是可控的，但这样的事情没有任何挑战，也无法给我们带来成长和进步，我们很容易在做的过程中对它失去兴趣。所以，最好的目标应该处于我们的学习区，既有一些难度和挑战，又不至于让我们感到压力太大。

总而言之，在设定目标时，一定要有合理的期待，不要高估了自己的能力，给自己定一些难度过高的目标，因为这样的目标注定是很难实现的，不仅如此，它会让人产生强烈的挫败感。

为了确保目标是合理可控的，你可以问问自己："我有多大的信心把这件事情做好？"如果你信心不足，不相信自己可以做好，而且感到压力很大，那么你就需要对目标进行调整，比如拉长时间线，或者对目标进行拆解，直至它成为可控的目标。

## 计划越长，越难实现

很多人在给自己定目标、定计划的时候，总有这样一种习惯：不是把计划做得很长，比如打算花一两年时间完成某个大目标，就是只定目标，而不给目标设定时间期限。说实话，这也是我以前的习惯。

后来我才渐渐意识到，缺乏时间意识恰恰是导致目标难以实现的重要原因。

为什么会这样呢？至少有以下三个原因：

### 原因 1：胜利太遥远

我们都知道，目标的一个非常重要的作用和价值是为行动提供动力，这种动力很大程度上来源于我们对于想要的结果的期待。我们之所以会做某件事情，一定是因为我们相信这件事情能够给自己带来想要的结果。

对大脑来说，这个结果就是一种"奖赏"，每当想到这个结果的时候，大脑就会分泌大量的多巴胺，多巴胺会使我们内心产生一种想要的冲动，这种想要的冲动就是所谓动力。动力对目标的实现来说非常重要，因为如果缺乏动力，我们就不会去行动，不行动，目标当然实现不了。

然而，我们的大脑有一个重要的特点，那就是相比未来的收益，它更在乎眼前的快乐和利益。这种特点在心理学上还有一个专门的术语，叫作时间贴现（temporal discounting），简单解释就是，得到某个收益所需要的时间越长，这个收益对我们的吸引力就越弱，比方说，一个月之后才能拿到的 100 元，它的价值就是要低于现在就能拿到的 100 元。

对目标来说，同样如此，如果我们需要经过很长时间才能得到某个结果，那么它对我们的吸引力就不会太强，我们就会更容易被眼前的快乐所诱惑。所以，想要目标看上去更具吸引力，我们就得通过缩短实现时间，来制造一种"胜利就在眼前"的感觉。

一般来说，3 个月是一个比较合适的期限，3 个月的时间足够我们实现一个比较有挑战性的目标，但 3 个月又算不上很长，足以让我们看到实现的希望，只要想到 3 个月之后我们就能得到自己想要的结果，眼前的辛苦就会变得没有那么难以忍受了。

说到这里，你可能会有一个疑惑：对那些需要长期坚持的目标来说，我们该怎么办？胜利又在哪里呢？事实上，对于这种类型的目标，我们依然可以创造一些短期的"胜利"，比如设定一些里程碑式的阶段性目标。

举个例子，如果你想要培养跑步的运动习惯，那么你也可以给自己设定一些里程碑式的小目标，比如坚持跑 30 天，跑到 10 公里，参加马拉松，等等。这些小胜利可以给我们带来成就感，而成就感是坚持最好的动力。

**原因 2：缺乏紧迫感**

我猜，你应该有过这样的经历：如果一件事情有截止日期，你通常都会等到截止日期临近的时候再去努力。而且有意思的是，当截止日期逼近时，你的行为会发生极大的改变：你会变得非常专注，效率也会高很多，完全不会有拖延的情况。为什么会这样呢？原因很简单，因为有紧迫感，紧迫感可以说是对抗拖延症的利器。

太遥远的目标之所以会导致计划难以实现，另一个原因就在于，我们会因为缺乏紧迫感而变得低效，容易拖延。如果我们给目标定的完成时间离现在很远，我们在头脑中就会产生"时间还很多"这样的想法，只要是觉得时间足够多，我们就不会着急，而且很容易被一些能够带来即时满足感的事情所诱惑。结果，很多宝贵时间就这样被白白浪费了。

　　制造紧迫感其实是一个非常好的提高效率和执行力的策略。生活中，经常有人问我怎样才能克服拖延的毛病，提高行动效率，其实办法特别简单，就是不要给自己太多时间，只要你发现时间快不够了，你自然就不会拖延了，效率也会变得很高。

　　我自己就经常通过刻意制造紧张感的方式来提高执行力。我第一次把这种方法用在行动中是在 2014 年的夏天。那时候，我写文章已经写了近一年的时间，也有了一定的读者和粉丝积累。不知从何时起，我心中冒出了这样一个想法——我想把自己关于自我成长的理念和方法变成一个课程，但我很清楚，如果只是自己闷头去做的话，我很难做成，因为一方面缺乏动力，另一方面得不到反馈。

　　于是，我想了一个好办法：邀请一些读者来当"小白鼠"，免费参与这个课程。这不仅让我有了更强的动力，还让我有了一种责任感，为了这些相信我的参与者，我无论如何也要把这个课程做出来。

　　就这样，我在课程内容都还没有的情况下，就把学员、场地和上课日期全部都确定好了。在这种压力下，我只能拼尽全力，赶在每次上课前完成这次课程内容的设计。结果，仅仅花了两个月的时间，我就顺利实现了这个目标——我不仅完成了课程的设计，把课程完整地讲了一遍，还同步得到了最真实的反馈，这些反馈不仅仅是学员对内容的反馈，还包括了我自己对课程的想法和感受。

　　这些反馈其实很重要，因为当某个事情或项目还是头脑中一个抽象想法的时候，我们很难对它做出准确的评判，但是当我们把这个想法变成现实之后，我们就能了解自己真实的感受，得到真实的反馈。

当我真的把做课程这个想法实现之后，我才发现它离我真正想要的还差得太远，所以做完之后我就停止了继续做的念头，因为我看到自己太多的不足，我知道自己还需要沉淀。

通过这件事情，我还有了一个非常重要的收获，那就是想法需要被验证，想法和现实通常存在着很大的差距，而验证想法的唯一方式，就是快速把它变成现实。只有把它变成现实之后，我们才知道这件事情是否真的值得做，或者是否需要调整。

### 原因3：可预测性太低

上面提到的这个做课程的故事，实际上已经揭露出了长远计划的另一个缺点，那就是可预测性太低。我们做的所有的目标和计划，都是基于我们头脑中关于自己和未来的一些判断，而这些判断本质上都是建立在过去经验之上的猜测，这种判断的准确性与外部环境的变化速度有着很大的关系，外部环境变化速度很快，判断的准确性就越低。

举个例子，我之前特别喜欢做年计划，但我经常发现，年初做的计划，可能过不了几个月，就需要进行调整。为什么需要调整呢？因为我的想法发生了改变，这种改变有时候是因为我自身认知的变化所引起的，有时候则是因为周围环境发生了改变而引起的。

我们现在所处的正是一个快速变化的时代——商业和社会环境在快速变化，我们自己也在快速变化，没有人能够对未来做出准确的判断。在这样一个环境中，其实不宜做过长的计划，因为时间越长，判断的准确性就越低，相反，我们需要通过缩短计划的周期来保持足够的灵活性，避免低效或无效努力。

在这方面，我们应该向创业公司学习。现在的创业公司都提倡精益创业和快速试错，这是应对不确定性的最好办法。为了确保自己的努力是有效的，我们需要用最快的速度对自己的假设进行验证。为了验证假设，我们就得获得一些可见的数据和结果，拿它和预期进行比较，用这种方式来了解现实和假设之间的差距，然后再根据这些分析更新自己的假设，调整计划和策略。

假如我们做的是长达一年的计划，那么我们就得等一年的时间才能知道最后的结果，才知道自己当初的预测和假设是否准确。这个时间太长了，外部环境可能已经发生了很大的变化，甚至可能不利于我们的改变，那么我们可能就失去了很多宝贵的机会，做了很多不必要的努力。

我在离职之前，曾在互联网创业公司工作了近 5 年的时间。这样的工作经历让我充分认识到了，不确定性才是这个世界的本质。正是因为有了这样的认知，我才逐渐形成这样一种习惯——我从不做过于长远的计划，也从不把自己的关注点放在特别长远复杂的构想上，我给自己定的所有目标都是短期就能够实现的。

每当我有一个想法的时候，我就会快速去行动，在最短时间内把它变成一个可以展示的结果，以获得反馈。这种反馈主要包括两方面的内容：1. 这件事情是不是自己真正想要的；2. 这件事情是不是对他人有价值。

在我看来，这其实就是自我探索的最好方式，因为我通过探索想要找到的未来事业，首先必须是自己发自内心认同的，是自己真心想要去做，愿意投入的，此外它还必须是对他人有价值的。只有这样，它才有可能最终变成我的个人事业。

# 忘掉目标，
# 专注于系统

　　当你依照前面所提到的标准，给自己设定了一个"好目标"之后，你便在目标实现的道路上迈出了最关键的一小步。然而，这仅仅只是一小步而已，因为目标的设定离目标的最终实现还有着很长的一段距离，这段距离只能依靠行动来一点点缩短。

　　怎么样才能确保目标能够成功实现呢？这个时候最好的办法，就是忘掉目标，然后专注于系统。

　　"忘掉目标，专注于系统"这个说法，是我从美国知名博主詹姆斯·克利尔（James Clear）那里学到的。第一次读到的时候，我忍不住为它拍手叫好，因为我发现，我自己就是这么做的（接下来要讲到的"晨间日记"就是我的系统）。这也正是我能高效行动的另一秘诀，只不过詹姆斯用特别简洁的方式，把它完美地总结了出来。

　　关于目标和系统的区别，詹姆斯是这样解释的：目标关乎的是你想要实现的结果，系统关乎的则是把你带向那些结果的过程。

如果你是一位教练，你的目标是赢得比赛，那么你的系统就是招募球员，寻找场地，确定训练方式。

如果你是一位企业家，你的目标是让公司上市，那么你的系统就是测试产品，找到有能力的员工，设计营销方案。

如果你是一位作家，你的目标是出畅销书，那么你的系统就是保证写作激情，不断输出自己的内容，提高写作技巧，找到出版社。

"忘记目标"这个建议，听上去似乎有点反直觉，你或许会问：忘记了目标之后，我还能成功吗？

我们可以先简单对比两种情况：

假如你要去参加一个演讲比赛，你的目标是拿到冠军。

第一种情况是，你把这个目标看得特别重，总想着要拿冠军，于是你忧心忡忡，每次表现不够理想的时候，你就会变得很焦虑，因为你害怕自己会失败。

第二种情况是，你没有成天想着如何赢得冠军，而是将大部分精力放在日常训练上，根据制订好的训练计划，让自己的演讲水平每天提高一点点。

现在我问你：你觉得，哪种情况下，成功的概率会更高？毋庸置疑，你肯定会选择第二种。

为什么关注目标，反而会使目标更难实现呢？道理其实很简单，因为如果总在心里想着目标，你就会不自觉地拿它来评判自己此时的表现，这种对比就会让眼前的任何进步都显得微不足道，于是你就会感到很有挫败感。这样的挫败体验多了之后，你就会丧失对自己的信心，动力也就慢慢没有了。

专注于系统所带来的效果则恰恰相反。一个好的系统，就像是一场精心设计好的游戏——目标被分解成了一个个小任务，每个任务的难度都恰到好处，既有挑战，又不至于让你感到恐慌和焦虑，而且每完成一个任务，你都能从中体会到成就感。这种感受会让你慢慢对这件事情越来越有兴趣，对自己也越来越有信心。

在这个过程中，你根本不会去想自己离最终的目标还有多远，而是能够专注于当下的每一个任务，因为这个过程本身就是快乐和充实的。等到一个任务接着一个任务地完成之后，你会惊喜地发现，目标就这样在不知不觉中实现了。

不过，我们需要明白的是，这样的系统不会在设定了目标之后自动产生，而是需要我们自己去设计，而这个设计的过程，其实就是我们平时所说的"做计划"。

## 计划 = 设计目标的实现过程

做计划这件事情听上去特别普通，感觉人人都会做，有些人可能也经常做，但我敢说，真正懂得如何做计划的人并不多。对很多人来说，做计划或许就是把需要做的事情，以及期待自己完成的事情写出来，然而做完计划之后，大家往往很难按照计划去执行，不是各种拖延，就是做一堆计划之外的事情。

为什么会这样呢？那是因为大家在做计划的时候缺少了思考环

节。大多数人可能不知道，做计划的过程，本质上就是一个思考和判断的过程，而思考的核心作用，就在于为接下来的执行做好准备——设计执行过程，并在设计中尽量降低执行的难度。少了这个思考和设计过程，执行自然就会出现问题。

具体要思考些什么呢？主要包含两方面内容：一方面你需要对目标的实现过程进行战略性分析，也就是要清楚，为了实现目标，你要完成哪些关键性任务，然后还需要将这些任务继续分解，直至分解成可执行的小任务；另一方面，你还需要对自己每天的可用资源进行预判与合理的规划，这种资源包括时间资源，也包括意志力和精力资源，只有这样，你才知道安排多少任务量是合理的。

关于意志力资源，我们可能需要多花点时间来解释一下，因为这能帮助我们更合理地设计执行过程。

意志力，也叫作自控力，是大脑前额叶皮质的一种执行功能，它的主要作用在于通过抑制一些与目标不相关的行为、感受或想法，来帮助我们更好地专注于当下的目标和任务，比方说，每次当我们需要主动引导自己的注意力，将它专注于某个当下的任务时，我们就会用到意志力资源。

意志力和动力都能诱发行动，但它们之间的关系是这样的：你做某件事情的动力越强，意志力的消耗就越少，当动力处于峰值的时候，意志力消耗几乎为零，这是因为你无须强迫自己做自己本来就愿意做的事情，可是在动力为零的时候，强烈的内心抵触会使意志力的消耗量变得很高。这就意味着，当你做事缺乏动力时，你需要消耗大量的意志力才能推动自己做这件事情。

在日常生活和工作中，我们经常会遇到缺乏动力的时候，这个时候，我们就必须（也只能）依靠意志力来推动自己行动，如果我们想等到自己想做的时候再做，那么我们就永远都不会去行动，因为我们不会有想做的时候。

但这里存在一个问题，那就是我们每天的意志力资源是有限的，意志力消耗完了之后，我们就很难在没有动力的情况下推动自己做任何事情了。从这个角度来说，做计划之所以不能那么随意，之所以需要很多思考和设计，是因为我们需要通过合理的任务分解和设计来降低意志力的消耗，确保意志力得到有效的使用。

那么怎么样设计才算合理呢？关键要把任务分解成具体的、难度适中的小任务。所谓"难度适中"指的是，这个任务不会让人产生强烈的压力感和畏难情绪，这是因为难度太大的任务会引发逃避心理，这种逃避心理又会导致自我损耗，意志力也会因此被消耗掉，于是我们就会一直拖延。

"具体"则意味着这个任务不需要太多思考就知道怎么做。如果某项任务过于抽象和复杂，在行动的时候还需要去思考怎么做，以及到底要做些什么，那么这个任务的感知难度就会很大，行动自然也会因此受阻。

假如在做计划的时候，我们能够提前完成这些思考任务，并把复杂任务拆分成一个个非常具体的小任务，那么我们就能极大地降低执行时的心理阻力。虽说这个时候我们还是需要依靠意志力来推动自己行动，但此时所需的启动能量已经大大减少了。

举个例子，我平时就是用这种方式来管理自己的日常写作，我在做计划的时候，会把一篇文章的写作分解成非常小的具体任务，比如完成文章构思、完成文章开篇、文章第一部分构思、第一部分开篇等等。每一个任务的感知难度都不大，基本都属于一两个小时的任务量，我也很熟悉该怎么做。我只要跟着计划，每次专注于完成一个小任务就行，等到这些任务都完成之后，一篇文章的初稿也就出来了。

另外，在做计划的时候，我们还需要尽可能地把任务的具体执行时间定下来。这是因为，做选择本身就是一件要消耗脑力和意志力资源的事情，而且如果我们没有提前定好什么时间做什么事情，而是让自己临时去决定，那么最后的结果一定是拖延。

当然，工作中难免会出现临时的突发情况，这个时候该怎么办呢？很简单，如果日程被打断，在紧接下来的空闲时间，我们就应该花几分钟修改一下余下时间的计划。要知道，我们的目标并不是竭尽全力维持既定的计划，而是在时间的推进中掌握工作的主动权。

所以，在做计划的时候，我们需要放弃对"完美计划"的执着，要允许日程中有突发性改变，甚至要主动寻求这种改变。当然，刚刚开始的时候，因为经验不足，你可能会发现计划和现实的偏差特别大——不是低估了任务的难度，就是高估了自己的能力，但只要你不断去反思和调整，那么经过一段时间的练习，你的预估就会越来越准确。

## 让系统成为你的第二大脑

我一直在使用的"晨间日记"，就是我用来进行目标管理和行动规划的系统。到现在为止，"晨间日记"已经陪伴了我六年，它早已成了我生活中不可分割的一部分。正是因为有了这个系统，我才能快速地通过行动把自己的一个个小目标变成现实，并且在持续回顾和反思中不断修改自己头脑中的假设，调整前行的方向。

不过话又说回来，罗马非一日建成，我其实也是经历了一段时间的摸索和实践，才有了现在的"晨间日记"系统。

我最初开始关注做计划是受到身边一位朋友的启发，他是一个热衷于时间管理的人，而且一直保持着做计划和复盘的习惯。不过，我并没有直接照搬他的方法，因为他的管理系统对我来说实在有点复杂，我先是花了一段时间阅读时间管理类的书籍，然后从中选择了一个我比较喜欢的模板开始实践。

在实践过程中，我自己也一直反思着时间管理的本质和意义，因为我不想让这件事情沦为形式。随着思考的深入和实践经验的丰富，我慢慢有了自己的时间管理理念，并根据自己的需要，逐渐去除了那些不必要的和过于形式化的东西。我现在的"晨间日记"就是那段时间思考和实践的结果。

在工具的使用上，我其实特别主张极简主义，因为工具是为目的服务的，过于复杂的工具和系统会很容易导致本末倒置的情况，使得大家不自然地把关注点都放在形式上，而不是背后想要达到的目的。所有复杂的东西对大脑来说都是一种负担，在能够满足核心需求的前提下，工具一定是越简单越好。

以下就是有关"晨间日记"的详细讲解。

我的计划都是从年计划开始，每年我都会给自己定一些具体的目标，这些目标都与我关注的人生主题有关，主要是以下几个方面：

**职业发展：**职业技能和优势的不断发展，拥有能够展现自身实力和价值的作品与产出，事业发展方向的尝试和探索。

**自我成长：**价值观和认知的不断完善，自我调节和掌控能力的加强。

**健康：**拥有健康的生活和饮食习惯，保持运动。

**兴趣爱好：**有能够丰富精神生活、陶冶情操的业余爱好。

**生活品质：**居住环境、形象气质、休闲、旅行、社交等等。

| 2019 年核心计划 | |
| --- | --- |
| **事业方面** | **个人领域** |
| 1. 完成 100 个咨询和辅导案例，积累咨询和指导经验<br>2. 公众号持续输出——每月 2 篇高质量文章（同步进行主题研究和学习）<br>3. 完成第 2 本书<br>4. 完善美语训练营<br>5. 完成 1 个音频课程 | 1. 完成第 2 个 #100 首诗词 # 背诵<br>2. 继续保持声乐的学习（完成 2 期课程）<br>3. 芭蕾舞学习（保持每周 2 节课）<br>4. 提高自己的厨艺（10 道左右拿手菜，拍摄美食照片）<br>5. 继续保持历史的学习（中国史纲 + 西方史纲 + 英国历史）<br>6. 个人形象升级 | 对衣橱进行更新 |

以上是我 2019 年的核心计划。不过，这实际上并不是我年初做的最原始的计划，而是经过了修改和调整，这是因为年计划的时间跨度比较大，所面对的不确定性比较高，经常会遇到需要调整的情况。说实话，日计划我们都不可能做到十分精准，更何况年计划呢。年计划的作用仅仅是让我们对这一整年有个大概的思考和规划。

做年计划的时候，有几点需要注意：

首先，我们一定要清楚，定这些目标的意义是什么，为什么这些目标对自己很重要。我就从来不随意定目标，每个目标都是我精心思考和选择过的，我都能将它们与我想要的未来和想要成为的自己连接起来。如果你不清楚自己为什么做一件事情，那么你能将这件事情坚持完成的概率就会很小。

其次，我们需要对自己的精力和能力情况进行合理预估，然后以此为基础来决定多少任务量是比较合适的。我对自己的精力和能力情况是非常了解的，所以对于我定的目标，我基本上都有把握完成。

最后，我们需要有优先级的概念，也就是说，我们需要清楚哪些目标是最重要的，是必须完成的。就我自己而言，事业发展永远有着最高的优先级，这些目标难度最大，但也能为我带来最大的满足感和成就感。我每年定的事业上的目标通常都是递进的关系，前一个是后一个的基础，比如公众号文章的写作就是第 2 本书的基础，咨询也是为第 2 本书做准备，第 2 本书又是接下来音频课程的基础。

年计划定好之后，这一年的自我发展思路也基本上定下来了，接下来就可以进入关注系统的阶段，也就是设计目标的实现过程。值得一提的是，虽然我的年计划看着比较多，但这些目标并不是同时进行，而是分阶段进行，每个阶段我只关注 2 个左右的核心目标，比如上半年我的重点就是咨询和公众号的持续输出，为接下来第 2 本书的写作打好基础，7 月到 10 月我会专注于新书的写作，书写完之后，再开始音频课程的开发。

### 2019 年的时间线（事业发展）：

1. 3 月启动咨询和指导服务，每周完成 4—5 个咨询

2. 7 月中旬之前完成书的前期准备——以公众号文章形式输出

3. 7 月中旬—10 月中旬完成第 2 本书的写作

4. 11 月初—12 月底需要完成音频课程

如果说年计划是对一年核心目标的总体构思和规划，那么"晨间日记"中的月计划、周计划和日计划就是确保这些目标得以实现的系统。

每个月开始前，我都会根据今年的规划，定下这个月需要完成的关键任务，然后再根据月计划来确定本周要完成的关键任务，最后在每天开始前（一般是在前一天的晚上），我会根据本周计划确定当天的日程安排和任务清单。

这样的话，每天早上一起床，我就非常清楚自己今天要做些什么，而且这些任务都是提前设计好的——每个任务都很具体，不需要再花时间去思考怎么做——我要做的就是一个任务接着一个任务地把它们完成。每完成一个任务，我都会及时在任务前打钩，在执行过程中如果临时出现一些变化，我就会及时对任务清单进行调整。等到这

一天结束的时候，我又会提前做好明天的计划与日程安排。

有了这样一个能够将目标变成具体执行任务的完整系统之后，我便不用总是惦记着目标，也不用总是担心未来，而是可以把所有精力都用到当下的行动上，因为我知道，只要自己跟着计划每天踏实行动，那么我就会离想实现的目标越来越近。

我身边很多朋友都非常羡慕我现在的生活：我有着明确的人生奋斗目标，每天都能精力充沛地朝着这个目标迈进，并且在这个过程中体会到满足感和成就感；在事业之外，我不仅能把自己的生活打理得十分精致且井井有条，还能同步发展着自己的兴趣爱好，让自己的人生更加丰富多彩，与家人也有着和谐又亲密的关系。然而大家不知道的是，这种生活并不是从天而降的，而是我通过自己的努力一步一步规划和创造出来的。这个过程中，"晨间日记"系统起着功不可没的作用。

| #晨间日记 2019.04.30 #第 120 天 周二 | | |
| --- | --- | --- |
| **本月核心任务** | **本周核心任务** | **今天的任务清单** |
| 1. 读书与学习<br>□《中国史纲》+ 笔记<br>□听古诗词讲解 15 首<br>□读完 The Motivation Myth<br>□读完《成功者的大脑》<br>□读《当自我来敲门》 | □完成《机器人觉醒》稿子<br>□完成《机器人觉醒》修改<br>□完成《读书笔记》修改<br>□《动力》文章构思 | □ 7:00 起床 + 洗澡<br>□咖啡 / 早饭 + 听课<br>□读古诗词 15 分钟<br>□ 032 咨询准备（8:30）<br>□ 032 一对一咨询（9:00） |

| 本月核心任务 | 本周核心任务 | 今天的任务清单 |
|---|---|---|
| 2. 事业 | □周六公众号推送 | □午饭＋化妆（10:20） |
| □公众号推送 2 篇文章 | □完成 3 次咨询 | □出发去上课（11:10） |
| □完成 4 月咨询（18 个） | □录制 5 期"地道 | □芭蕾舞初级课 |
| □录制 20 期"地道 | 美语" | （12:00） |
| 美语" | □芭蕾舞初级（周二） | □《机器人觉醒》修改 |
| □定第 2 本书的合同 | □熟读古诗词 5 首 | □《中国史纲》1 课笔记 |
| | □练习《雪落下的 | □聚餐 @Ella 家 |
| 3. 写作（3 篇文章） | 声音》 | □定 5 月 #30 天挑战 # |
| □自我关怀的小技巧 | □读完《成功者的 | □4 月成长回顾 |
| □打造井然有序的规律 | 大脑》 | □5 月计划和安排 |
| 生活 | □周二 Ella 家聚餐 | □睡前听书（22:30） |
| □机器人觉醒 | | |
| | | |
| 4. 其他 | | |
| □每周 2 节芭蕾舞课 | | |
| □完成 2 节声乐课 | | |
| □练习《雪落下的声音》 | | |
| □练习《只要平凡》 | | |

　　**补充说明：**晨间日记不仅可以用来管理重要的目标，也可以用来管理生活琐事，比如我会把散步、做面膜、还信用卡、给爸妈打电话这样的小事都列在每日的执行清单中，这样的话，我们不仅可以防止自己忘记，还可以极大地减轻大脑的负担，不需花精力去记住这些小事，而且每当完成之后，给这些任务打钩的时候，我们同样会有种成就感。

## 构建一个完整的闭环

关于计划与行动，我们需要意识到的是，并不是只要坚持行动，我们就一定能达成想要的结果，这是因为计划基于的是我们的经验和想象，但想象和现实之间通常都存在着一定的偏差。为了尽可能地消除这种偏差，我们就需要在行动过程中，通过定期回顾来将目前的行为结果和期望得到的结果进行比较，然后再根据比较结果来及时对计划进行相应的调整。

从这个角度来看，计划、执行和回顾其实是分不开的，是一个完整的行动系统，我们只有通过不断重复"计划—执行—反馈—计划"这样的闭环循环过程，才有可能通过行动得到最终想要的结果，这样的行动才称得上是高效行动。

在"晨间日记"系统当中，回顾与反思的核心作用主要有两个：

第一，及时认可和庆祝自己的小胜利和小进步，当我们把进步和成就写下来的时候，即便是再小的进步，只要它是有意义的，我们就会觉得很有成就感，这种成就感是行动力的重要来源。

第二，确保我们在用正确的方式做正确的事情，在实际结果和期待结果之间出现差异的时候，回顾和反思能够帮助我们了解导致差异的原因，并对行为策略，甚至是目标本身做出及时调整，以避免无效或者低效的努力。

### 回顾方法

在这里，给你介绍一个结构化的回顾方法，叫作事后回顾（After Action Review，简称 AAR）。事后回顾最初是由美国陆军开发的，它是一种确保在行动中能够持续学习与改进的方法和机制。

**通常来说，事后回顾包含以下四个问题：**

1. 我们期望发生什么（了解行动意图是什么、为何有此意图）？

2. 实际上发生了什么（意图是否达成、过程中发生了什么）？

3. 为什么会产生这种差异（从中得到什么教训）？

4. 下次我们将怎么做（如何将此教训带入下次行动中）？

事后回顾可以说是一种非常好的反思方式，它也应该是所有回顾与反思的核心内容。

**每日回顾**

只要开始做计划，就一定会经常出现做了计划却完不成任务的情况。这个时候，我们很容易因为没有完成任务而产生自责或者愧疚的情绪。自责情绪本身是没有问题的，而且有情绪很正常的，重要的是情绪产生了之后，我们该如何去应对。

很多人在感觉到自责情绪之后，会本能地为了避免自责的痛苦，而回避那件没有完成的事情，于是就会选择拖延，甚至会干脆放弃晨间日记。这个时候，回顾和反思就显得尤为必要了。

当然，回顾很多时候可能并不是一件愉快的事情，特别是当我们对自己不满意的时候，因为这意味着我们需要面对自己的不足，然而，如果不面对，我们就不会得到改进，所以想要改进和提高，我们就需要努力克服这种心理上的阻碍。

有一个办法能够帮助我们很好地克服这种阻碍，那就是告诉自己，回顾和反思不是为了指责自己，而是为了下次能够做得更好。当我们把关注点放在积极的一面的时候，负面情绪自然就会减少。

在每日回顾的时候，我们可以按照事后回顾的方式，去反思是什么原因使得自己没有按计划完成任务，需要做哪些调整，然后再根据反思确定第二天的任务清单。比如说，如果没有完成，是因为我们高估了自己的能力，低估了任务的难度，那么我们就可以适当地减少任务量；如果没有完成，是因为今天情绪不太好，那么就原谅自己，偶尔的"自我放松"是有必要的，把任务放到第二天就好。

每日回顾可以在做第二天计划的时候同步进行，可以在头脑中进行，也可以用文字的方式写出来。在启动晨间日记的时候，建议用文字的形式写每日回顾，用文字的方式写出来更有利于思考。

**每周回顾（每月回顾与每周回顾类似）**

每周回顾包括三部分内容：

第一部分是记录进展与成就。

第二部分则是事后回顾。一般来说，很多小问题，我们在每日回顾当中就能解决，但是如果同样的情况总是发生，比如某件事情我们一直在拖延和回避，这个时候，我们就需要对这件事情进行反思，比如我们可以问自己：这件事情是否真的重要，是否真的有意义？如果不重要，那么就可以考虑放弃这件事情，但如果重要，那么我们就得思考这种逃避行为背后深层次的原因是什么，我们到底在逃避什么。通过这种方式，我们就能重新找到动力，并降低阻力，然后重新开始。

第三部分是根据反思确定下周的任务。

# #每周成长回顾 2019.04.21 #第 16 周

A. 自我提升 Production Capability

1. #诗词# 50/100 本周重读了第 150—151 首

2. #学习#《中国史纲》完成古代历史部分笔记，*The Motivation Myth* 笔记

3. #英文#准备了 5 期"每天一句地道美语"

4. #音乐# 2 节芭蕾舞课 +1 节声乐课，学习《只要平凡》弹唱

B. 工作与产出 Production

1. 完成了 3 个客户的咨询服务

2. 完成了文章《井然有序的规律生活》

3. 推送了一篇公众号文章

4. #每日一句地道美语#准备了 5 期

5. 开始《机器人觉醒》写作

C. 健康 / 生活艺术 Life

1. 每天坚持压脚背第 21 天

2. 开始腰部热敷（腰椎疼痛治疗）

3. 学习了《只要平凡》弹唱

4. 买了一个体脂测量仪

5. 闺密下午茶 @ 本质咖啡

本周总结

* 这部分可以用叙述的方式记录本周的重要收获、进步和感悟，以及做得不足需要改进的地方（有点类似周记）。

　　"晨间日记"听上去似乎有些复杂，而且真的要做到好像并不容易。的确，如果我们打算只是依赖自己的大脑和本能去做这些事情的话，估计过不了多久我们就会放弃，但是如果我们能够在开始的时候，花时间和精力去不断实践和调整，坚持一段时间之后，这些事情就会很自然地变成我们的习惯。这种习惯一旦建立起来了，它就会反过来影响我们思考问题的方式和做事的方式，给我们的人生带来方方面面的提升和改变。

# 成为一个
# 会学习的人

去年，有个刚参加工作不久的读者找我做咨询，他特别沮丧地跟我说着自己的困惑："我已经工作两年了，但是我觉得自己在这两年里几乎没有什么进步和成长。"

我问他："你渴望得到什么样的进步和成长呢？"

他说："起码要在认知和能力上需要有所提高吧，比如对事情会有更深层次的理解和认识，或者掌握了一些新的技能之类的。"

我继续问他："你觉得这些成长会随着时间的推移自动发生吗？"

他想了想说："可是我以前在学校的时候就是这样啊，我也没有想要怎么进步，但是我就是能感觉到自己每年都有成长和进步。"

我回答说："那是因为在学校，你学习和成长的过程已经被提前设计好了，而且还有老师的引导和帮助，所以你自己不用去思考，但是出了学校就不一样了，你不能像以前那样，期待别人来告诉你要怎么做才能进步，你必须自己主动去设计和规划自己的成长路线。"

我和这位咨询者之间的这段对话，实际上已经很好地解释了为什么很多人会为进步和成长而苦恼，因为大家普遍缺乏主动学习的能力。

关于学习能力，我曾听过一个有趣的比喻：如果我们把自己想象成一台智能手机，那么我们此时所拥有的单个技能就是智能手机上的应用程序。

我们在挑选智能手机的时候，并不会看上面有些什么应用程序，因为这些程序可以随时增加和删除，而是会看底层的硬件系统和操作系统，因为这才是决定手机整体性能的关键。同样的道理，对个体来说，具体的知识和技能就像是手机上的"应用程序"，它们是可以根据需要随时进行添加的，决定一个人能否在"应用程序"上进行快速自我更新和迭代的关键则是他的"操作系统"，即他的学习能力。

然而，在教育领域，大家的关注点无一例外地都放在这些单独的"应用程序"上，教育者希望给学生装上各种各样的"应用程序"，以应对未来的商业环境。但问题是，这些"应用程序"更新换代的速度是非常快的，如果没有好的底层"操作系统"，那么一个人是很难适应这个快速变化的时代的。

在这种情况下，如果想要更好地适应未来，并且跟随着时代的步伐不断进行自我迭代，那么我们就应该退后一步，将关注点从"应用程序"转移到"操作系统"上，让自己拥有更好的底层"操作系统"，也就是，要让自己成为一个会学习的人。

## 菜鸟 vs 高手

问你一个问题：你清楚学习的最终目的到底是什么吗？

这个问题估计很多人想都没有想过，可是如果你不知道学习的最终目标是什么，你就会对学习缺乏一个全局的认知，没有全局认知，你又怎么会懂得该如何合理有效地去设计自己的成长之路呢？

那么，学习的最终目的究竟是什么呢？

如果用一句简单的话来解释，我觉得应该是，成为某个领域的高手，能够像高手一样去思考问题。不管哪个领域，我们在刚刚接触的时候，都属于菜鸟水平，而我们的努力目标和方向，就是要从菜鸟水平持续精进，直到成为高手。

想要以更快的速度进阶成一个高手，我们就得先弄明白高手和菜鸟到底有着怎样的不同。关于高手和菜鸟的区别，我想通过一个有趣的故事来说明：

当年爱因斯坦成名之后，许多科研机构和大学都邀请爱因斯坦去做演讲。爱因斯坦每次去演讲都是由专职司机理查开车送他，一到会场后，理查就会坐在台下听演讲，而且每次都是聚精会神，从头听到尾，还在心里默默地模仿爱因斯坦的动作和语调。

有一次，爱因斯坦演讲完回家时，理查对他说："教授，我看您太辛苦了，不如我来替您讲一场吧？您的那些报告，我都能背下来了。"爱因斯坦也是一个童心未泯的人，听理查这样说很高兴："那好呀，那明天另一所大学还有一场演讲，到时候你来替我讲。"理查一听，非常兴奋："真的吗？那太好了，我保证讲得跟你一模一样。"

第二天，这位理查穿上了爱因斯坦的衣服，还将发型和胡须打扮得和爱因斯坦一样，爱因斯坦则装扮成了理查。演讲开始了，理查滔滔不绝地开始在台上讲起来，几乎跟爱因斯坦说的一模一样。爱因斯坦感到非常惊讶，他没想到理查能讲得那么好。

演讲结束之后，按照惯例，有个提问环节。一开始，前面几个简单的问题理查都能对答如流，而且答得非常正确。突然，有一位青年科学家追问了一个颇为深入的问题，这个问题可难住了理查。于是，他灵机一动说道："哦，你问的这个问题非常简单，连我的司机都能回答，下面就让他来替我回答这个问题吧。"

这个时候，真正的爱因斯坦才走上讲台……

我不知道这个故事是真是假，但它特别好地解释了高手与菜鸟之间的区别：虽说通过一段时间的学习，刚入门的菜鸟也能懂得和积累不少该领域的知识，但他们缺乏高手的那种思考能力和判断力，一旦遇到复杂的问题就会束手无策，不知如何下手。高手之所以厉害，就在于他们能够迅速看到问题的本质，并抓住要点，所以他们善于解决复杂问题，也能做出更准确的判断。

那么，高手如此强大的思考和判断能力从何而来呢？如果你去问那些高手，他们具体是怎么思考和判断的，我敢肯定，他们很难回答出来，你最有可能得到的答案就是"这是一种直觉"。为什么会这样呢？原因很简单，因为他们的思考和判断实际上并不发生在意识层面，而是在潜意识层面。

有人曾经做过这样的实验，他们去观察某个领域的初学者和高手从事这项活动时的大脑状态，初学者的大脑活动会很频繁，而高手大脑的波动则微乎其微，这是因为高手其实是在潜意识状态下做这件事情。更有趣的是，高手思考得更少时，表现得会更好，如果他有意识地去做这件事情的时候，反而会做得没那么好。同样的道理，对专家来说，他们的直觉反应通常更准确，如果仔细去思考准确率反而没有那么高，这是因为直觉直接来源于潜意识。

有人可能会奇怪：为什么潜意识的直接反应反而更准确？如果你存在着这样的疑惑，那只能说明你太小看潜意识的力量了。潜意识其实有着我们想象不到的超级信息处理能力，它的信息处理能力可是意识的 20 万倍！

不过，意识和潜意识所擅长处理的问题是截然不同的。意识处理信息依靠的是工作记忆，它擅长逻辑、线性和推理，然而工作记忆的信息处理能力是有限的，所以它只能处理那些只有少数变量或选择的具体问题。

潜意识的信息处理方式则是非线性的，所以它常常会显得没有逻辑，但是它非常擅长解决有着很多变量和可能性的复杂问题，因为它可以同时处理大量信息。而且，潜意识还有一个非常独特的功能，那就是善于发现模式和内在规律。

潜意识在接收信息的时候，会瞬间同步对其进行解读和组织，它能够将不连续的信息片段联系起来，并在信息中寻找各种联系，模式和相似性。它总是在不知疲倦地运转着，试图将新的问题与旧的模型对应起来，或者努力对问题的各部分进行重组，直到它们形成和谐的整体。

任何一个领域，其实都有着独特的庞大知识网络和深层次的内在逻辑，知识与知识之间有着各种各样的连接和汇聚节点，而所说的精通，本质上就是对该领域知识的内在结构和内在逻辑有了深入理解之后，形成更高层次的思维技巧。这也正是高手之所以能够成为高手的原因：正是因为对内在逻辑有着深入的理解，他们才能看到新手所看不到的深层次的东西，同样的信息，其他人看到的是一些分散的细节，而高手看到的却是连接、规律和模式。

说到这里，你是不是对学习这件事情有一些不一样的认知了呢？学习绝不是把知识存储在大脑中的记忆过程，而是一个将系统拆分成碎片，然后再将碎片重新构建成系统的过程。所以，不管学习什么，我们不能仅仅满足于理解当中的各种具体知识，而是把理解该领域的基本逻辑作为学习目标，把这些知识融会贯通成一个网络，并养成相关的思维技巧。

当然，这个构建知识连接的过程不会在我们大脑中自动发生，而是需要我们通过主动提问，深入思考，以及与人交流探讨的方式，来慢慢理解一个领域的深层内在联系。这通常也是学习过程中最为困难的部分，但这个过程是必不可少的，因为这不仅是有效学习的关键，也是我们学习的最终目标。归根到底，学习就是要学会思考的方法，学会如何有效地思考。

## 与未来的自己建立连接

对学习这件事情有了一个宏观的了解之后，我们接下来就可以说说高效学习和成长的问题了。

一谈到如何高效学习这个话题，我相信，大多数人最想了解的是更好的学习方法。但是你知道吗？学习效果的最关键影响因素实际上并不是学习方法，而是我们的积极性和主动性，因为对学习这样一种智力活动来说，我们越是积极主动地参与，收获就会越多，效果也会越好。相反，如果我们本身没有很强的内在动机，或者学习积极性不高，那么即便是有好的学习方法，我们是不太可能学好的，也就更谈不上精通了。

那么，积极性又是怎么产生的呢？我们怎样才能调动自己的积极性呢？实际上，积极性与意义感是紧密相连的，我们通常只会对自己觉得有价值有意义的事情产生积极性，意义感越强，我们的积极性也会越强，所以，想要调动自己的积极性，我们就得先想清楚自己为什么要学习。主动探索事物的价值和意义，可以说是学会主动学习的第一步。

从本质上来说，探索事物的价值与意义就是要回答这样一个问题：这件事情和我的未来有什么关系，我怎样将它和我认为重要的人生目标连接起来？如果我们能够将要学习的东西，与自己的未来以及重要人生目标建立起连接，我们就会觉得这件事情是有意义的、有价值的，值得我们为之努力。反之，如果我们不知道它与自己的未来有什么关系，能够带来怎样的好处，那么我们就会缺乏动力，也会很容易放弃。

不过，我们需要明白的是，意义感是不会自己主动找上门来，而是需要我们积极主动地去发现，也就是说，我们要主动去思考这件事情与我和我的未来有什么关系。这其实是很多人都缺乏的一种能力，其中也包括我自己，这种能力的缺乏使得我经常半途而废，没有办法把某项技能的学习长期坚持下去。

直到两年前的一次学习经历，我才真正意识到，原来意义感是可以被主动创造出来的，而当学习有了意义之后，一切都不一样了——我不仅在学习的时候更快乐和更享受，而且学习热情还与日俱增。

这是一次怎样的学习经历呢？它是我在纽约的第一次芭蕾舞体验。两年前，我和朋友去纽约学习舞蹈，但由于自身水平有限，我能够上的课不多，所以选来选去就只能去上芭蕾舞基础课。当时给我们上课的老师，是从一个知名芭蕾舞团退役的芭蕾舞演员。虽说她已经年过半百，但她举手投足间流露出的优雅气质，完全掩盖了她身上岁月的痕迹，我被她的美深深地吸引住了。从她身上，我似乎看到了未来的自己，我对自己说，这就是我50岁想要成为的样子。

说实话，在此之前我对芭蕾完全没有任何兴趣，就是在这节课上，我找到了自己与芭蕾舞之间的连接——我要自己50岁的时候，也能拥有芭蕾舞者那样的优雅气质。这种关于未来的想象给了我强烈的意义感，于是回北京不久，我就开始了芭蕾舞的学习。

当然，在最开始那个熟悉基本动作和术语的阶段，我并不是那么享受的，因为还体会不到成就感。不过，每次感觉缺乏动力的时候，我就会在头脑中想象那个未来自己的画面，而每次想到那个画面，我就又有了意义感，动力也得到了强化。学到现在，我不仅越来越享受学习和训练的过程，也越来越坚定芭蕾舞就是我要一直坚持下去的爱好。

有了这次经历之后，我就经常使用这种想象未来的自己的方式，来主动探索意义感。所以，对于所有我现在在做或者在学习的事情，我头脑中都有一个清晰的关于未来的画面，这个画面就是我坚持的原因，也是我坚持的动力。

总而言之，不管进行何种学习，特别是在进行那些需要长期投入的学习时，我们一定要有主动探索和发现意义的意识，想想这件事情和我们未来想要成为的那个自己有什么关系，想明白之后，最好在头脑中形成一个关于未来的画面，用这个画面去不断强化这件事情的意义感。有了强烈的意义感之后，我们才会拥有持续的积极性，才不会因为缺乏动力而无法坚持下去。

## 不急不躁，循序渐进

不过，仅仅有动力和方向感还不够，因为学习目标和其他所有目标都一样，它的实现离不开良好的计划和执行能力。我们在之前提到的设定目标的原则和"晨间日记"计划系统在这里完全适用——不管学什么，我们都得有明确的阶段性学习目标，然后再通过计划的方式，将目标变成一个个小的学习任务去执行。

关于学习计划，我们需要记住一个非常重要的原则，那就是学习是一个循序渐进的过程。虽说学习的终极目标是要理解该领域的底层逻辑和内在知识结构，但是，任何领域的学习都是从一点一滴碎片化的知识和技能的积累开始的。

很多初学者最容易犯一个错误，那就是想一下子学很多，想很快弄明白。这是不可能的事情，因为大脑认知的局限和知识原本的复杂性，决定了学习只能是一个循序渐进的过程。大脑处理信息必须依赖工作记忆，而工作记忆的处理能力是有限的，如果一次学习活动中的信息太多，就会出现信息超载的情况。

一旦信息量超出了工作记忆的处理能力范围，我们就会出现焦虑情绪。焦虑情绪又会限制短时记忆的容量，当感到有压力或恐惧害怕的时候，我们就没有办法集中注意力，这是我们的情绪占据了记忆空间。消极情绪会降低认知能力。

为了确保学习的有效性，我们需要把知识分解成大脑能够消化吸收的片段，并按照恰当的进度循序渐进地去学习，所以千万不要一下子学太多新内容，也不要一下子学习太长时间，因为过长时间的学习会让大脑疲劳，这个时候信息处理效率是非常低的。

另外，我们还需要明白，学习并不是纯粹的记忆，而是要建立在理解的基础上。任何新知识都是建立在我们已有的知识的基础上，因为大脑需要把新知识与旧知识"绑定"起来，利用旧知识帮助理解新知识的含义。工作记忆处理信息的时候，会把这些信息传递到长期记忆空间，在那里这些信息与更广泛的背景知识相联系，以更深的理解方式存在。在学习新知识的时候，一定要确保自己已经有了相应的基础知识和背景知识，如果发现理解存在着问题，那就得先花时间把基础知识和背景知识弄明白。

循序渐进这个学习原则，可以说是有效学习的一个极为重要的前提。我们得有意识地根据大脑的认知规律去规划和管理整个学习过程：先掌握那些最基础的知识，然后再以此为基础逐步增添新的学习内容。而且在学习过程中要避免信息超载，不要一下子学太多，而是要把新知识适当分解成模块，每次的新知识或者新技能的学习必须是恰到好处的，既不能远远超过我们的认知水平，使我们置身于新知识的迷宫里不知所措，也不能过于简单，学不到什么东西。

除了目标和计划之外，如何管理自己的情绪也是非常重要的，因为学习并不仅仅是一种思维活动，它同时也是一种情绪活动。情绪体验在很大程度上决定了我们的学习效果，如果我们在学习过程中经常产生挫败感和焦虑感，或者觉得缺乏动力，那么我们就很难把学习坚持下去。

情绪管理主要包括两方面：一方面，我们要通过强化意义感来增加内在动力，当我们感到缺乏动力的时候，就要重新回到"为什么"的思考上，寻找学习与未来自己之间的连接。另一方面，我们需要及时调节负面情绪。学习过程中，我们经常会因为学不会或者做不好而产生挫败感，并对自己感到很失望，甚至对自己的能力产生怀疑。这个时候，我们就可以练习之前学到的自我关怀和成长型思维，帮助自己跳出自我批评的思维习惯，然后把关注点从"我做不好"转移到"我怎样才能做好"上。

## 别忽略了老师的价值

虽说好的学习计划能够让我们循序渐进地掌握某项知识或技能，但问题是，我们通常很难完全靠自己苦学就熟练掌握一项技能，这是因为在学习的起始阶段，我们对所要学习的领域是完全陌生的，根本不知道这一领域有哪些需要学习掌握的内容，更不知道要如何合理地规划接下来的成长之路。这个时候，我们需要有一个老师来安排我们最初的学习计划，并提供相应的指导和支持。

当然，老师也是存在着优劣之分的，因为教学本身就是一门需要习得的技能，自己做得很好并不意味着就能把其他人教好。一个优秀的老师，不仅要对这个专业领域有着自己很深的理解，还需要了解大脑的认知过程，以及情绪在学习过程中所扮演的角色。

真正的好老师会懂得把知识和技能分解成与学生目前水平相匹配的碎片，然后用循序渐进的方式去训练学生，并在学习过程中及时指出和纠正学生的错误。不仅如此，他还会通过提问的方式去引导学生进行更深入的思考，让学生逐渐形成自己的知识网络，并在学生遇到困难和挫折的时候给予情感上的鼓励和支持。

此外，老师还有一个非常重要的价值，那就是提供榜样的力量——他们对这个领域的热爱，以及他们散发出来的个人魅力对学生来说是一种强大的感染力，而且对于老师的崇拜和喜爱会直接转化成学习动力。

毫无疑问，这样的好老师是可遇不可求的。在生活和工作中，我们可能有很多要学习的领域，不可能在每个领域都能遇到一个好老师。好在现在知识付费已经兴起了，这使得我们能够以非常低的价格跟随最优秀的老师学习，而且这些课程都是按照循序渐进的方式，将系统知识切分成了十几分钟的碎片化内容，这种碎片化的方式实际上更高效，因为大脑很难长时间集中注意力。不过，网络学习的不足之处就是，学习者会缺乏与老师进行探讨和交流的机会，所以学习中的疑惑可能得不到解答，而且它对学习者的自我管理能力要求更高。

不管怎么样，如果条件允许，在学习之初最好能够找个自己喜欢的好老师。在找老师这件事情上多花点精力和时间是非常值得的，因为我们能够在这条道路上走多远，与启蒙老师有着很大的关系。

## 启动"元认知"

最后，想要真正成为一个会学习的人，还有一件事情很重要，那就是要在学习过程中尽早地启动元认知活动，因为研究者们发现，元认知对学习效果的影响占到了40%，而智力方面的影响只占25%。

什么是元认知呢？简单来说，元认知就是关于思考的思考。我们都知道认知是大脑的核心功能，认知能够帮助我们理解和思考问题，总结规律，得出结论和做出判断，而当我们去反思自己是如何去思考问题，得出结论和做出判断的时候，我们就是在使用自己的元认知功能。

为了更好地理解元认知，我们可以拿写作来举个例子。很多人在写作的时候，会习惯性地跟着自己头脑中的想法写，脑子里有什么想法，就把它直接写下来。这样的文章写出来通常是缺乏条理和逻辑的，这是因为大脑本身就不善于逻辑思考，所以我们的思维往往是跳跃的和发散的。

如果我们想要自己的文章更有条理性，并且拥有清晰的内在逻辑，那么我们就需要在写作的过程中启动元认知，也就是要在写作过程中，不断问自己这些问题：我想要通过这篇文章解决一个怎样的问题？我的核心观点是什么？谁是我的目标读者？我是怎么得出这个观点的？有没有理论做支撑？这个论述过程是否还存在着逻辑上的漏洞呢？这个观点我是否解释清楚了呢？只有这样，我们才能确保自己的整个思考和写作过程，是依照一定的论述逻辑和读者的认知规律来进行的。

学习也是同样的道理。学习本身就是一个复杂的认知过程，它并不是一个简单地将信息进行输入和存储的过程，而是需要我们对信息进行深层次的处理，比如深入理解所学的内容，思考这些内容如何与之前所学的知识关联起来，以及有怎样的应用场景，等等。只有完成了这些思考之后，这个知识点才算是真正掌握了。但是，这个过程是不会自动发生的，它需要元认知的引导，就像我们上面提到这个写作过程中的自我反思一样。

举个例子，我在接触一个新领域的时候，都会在头脑里问自己这样的问题：这个领域的存在到底是为了解决怎样的一个问题？当然，我不一定一开始就能得到答案，就算有答案，这个答案也不一定是准确的，但是这样的思考能够帮助我站在一个更高的高度去看这个领域。

有时候，我甚至还会花些时间去了解这个领域的发展历史，比如它最初是怎么出现的，它在发展过程中经历了哪些变化，等等。这可以让我了解到，这个领域从整体来看是什么样子的。

在之后的持续学习中，我还会一直保持着对这些问题的思考：这些学习能够帮助我解决一个什么样的问题和困惑？这些知识内容之间存在着怎样的逻辑关系，它们如何有机地结合到一起，这个领域的底层逻辑是什么？虽然知识网络和专业思维需要花费很长时间去培养，但这些元认知层面的思考能够让我尽早建立起系统思维的意识，有助于我更好地构建自己的知识体系。

除这些宏观层面的问题之外，在学习过程中，我们还需要一些具体的问题来帮助自己进行学习前的规划和学习中的自我监测。学前规划的目的在于明确此时的学习焦点，这个时候我们可以问自己：我此时的学习目标是什么？我想要掌握怎样的知识点或者技能？自我检测则是为了确保自己能够准确地理解和掌握此时所学的内容，为此我们可以问自己：这部分内容我真的理解了吗？我还缺乏什么相关的背景知识吗？我还需要进行更多拓展学习吗？

另外，还有一个方式能够促进元认知层面的思考，那就是教别人，比如把自己学到的知识讲给朋友听，或者用文章的方式分享给其他人。其实，教别人本身就需要用到元认知——为了解释一个内容，我们需要站在学习者的角度，想象他们的理解过程，这个教的过程还能促使我们对所学内容有更加深入和全面的理解，因为这能帮助我们发现自己的某些盲点或者没有理解透彻的地方。

# 作品思维：
# 让输出变得有趣

　　我在美国的时候，曾经做过一件让我至今回想起来都感到很自豪的事情——我为自己策划和举办过一场个人画展。

　　为什么会想到给自己办一场个人画展呢？那其实是我当时工作之余学习画画时，突然冒出来的一个想法。虽说这个想法有些突然，但它背后有两股非常强大的支撑力量：童年时的梦想和自我蜕变的决心。

　　画画曾经是我生命中最重要的一件事情：我4岁的时候就开始画画了，不过那时的我并没有跟着老师学习，只是喜欢一个人静静地趴在桌子上，把自己头脑中的人物和故事画出来。

　　13岁的时候，我的作品很荣幸地入选了《中国青少年书画家作品精选》，我也被列入了《中国青少年书画人才辞典》，同年，我以美术第一名的成绩考入省重点中学，成了一名美术特长生，开启了正式的美术学习。那时候，我人生最大的梦想就是要成为一名画家。

然而，进入中学之后，这个梦想却慢慢被磨灭了。这是因为枯燥的专业训练让我感受不到创作的乐趣，但更重要的是，对于学习艺术这件事情，大家普遍存在着偏见，认为艺术是成绩不好的学生的选择，我当时也受到了这种偏见的影响，所以，当发现自己在学习上很有潜力之后，我便主动放弃了艺术这条道路。

从那以后，成绩成了唯一重要的事情，我开始有了很强的竞争意识，我努力，不再是因为喜欢，而仅仅是因为想"赢"。与此同时，我也变得越来越不快乐，越来越不自信。虽说在大学期间，我曾因为迷茫而进行过大量的尝试和探索，但我最终还是没有走出来。这样的状态一直持续到我在美国念完研究生。

商学院毕业之后，我在俄勒冈州政府做着一份相对清闲的工作。有一天，我无意间在报纸上看到了一个绘画课程的广告，这让我突然想起了自己曾经的梦想，就在那一瞬间，我似乎感觉到自己身体里有种力量被唤醒了，于是，我毫不犹豫地加入了这个课程。

相隔十余年，当我再次拿起纸和笔，重新开始画画时，我发现那种久违的幸福感终于又回来了。画画成了我每天最幸福的时光，我已经很久没有如此忘我和投入地去做一件事情了，而这种忘我的感受实在是太美好了。

当时，我已经做出了半年之后回国的打算，所以在有了办画展的想法之后，我就计划着把它当成自己的告别仪式，用这种特别而又充满意义的方式，为这三年的美国生活画上一个圆满的句号。

我先是给画展定了一个主题，叫作 Discovering the Lost Self（发现迷失的自我），之所以选择这个主题，是因为我想把这次创作过程当成一个自我的疗愈过程，以此去深入了解和探索自己内心的感受——那些埋藏在心底的恐惧、孤独、自卑和脆弱。

主题定好之后，我就按照一周一幅画的节奏，一边跟着老师学习新的绘画技巧，一边进行创作，并最终完成了 15 幅作品。为了让这次画展看上去像模像样，我还模仿其他艺术家，为画展设计和制作了宣传册和邀请卡，宣传册上有 Artist Statement（用来阐述自己想要表达的想法和理念）、艺术家个人介绍，以及此次画展的主要作品。

就这样，我靠自己一个人的力量，用了半年的时间，把"个人画展"从想法变成了现实。尽管这场画展并不专业，来参加的几乎都是我身边的同学、同事、老师和朋友，但我自己非常满意，因为我在这个过程中找回了快乐与自信，这对我来说才是最重要的。

## 像创作者一样去思考

我之所以对这件事情记忆犹新，一方面是因为这对我来说是一次难得的自我突破和人生体验，另一方面则是因为我从这次经历中得到了一个特别重要的启发：一件原本看似平常的事情（比如画画），当你赋予了它不一样的意义，并选择了某种可以对外展示的形式（比如画展）来与他人分享时，竟然会带来如此不同的感受和结果。说实话，若不是有画展，我肯定不会有动力完成那么多作品，更不会多出这样一段独特的人生经历与体验。

后来，我还给这个启发取了一个有趣的名字，叫作"作品思维"。

作品这个概念，可以说是专属于创作者的，因为任何作品都必须有自己的创作者，它是创作者通过创作活动而产生的，具有一定独创性的有形智力成果，这种成果可以是小说、论文、剧本等文字作品，也可以是摄影、绘画、音乐、戏剧、雕塑等等。

对创作者来说，作品就是他们一种对外的自我呈现，是他们自我的一部分。为了让自我得到最佳的呈现，创作者一般都会在自己的作品中倾注大量心血，精益求精，而这种专注与投入，反过来又会推动他们不断发掘自身潜能，不断寻求新的灵感与自我突破。

那么，什么叫作"作品思维"呢？简单来说就是，即便你不是传统意义上的创作者，你也依然把自己想象成一个创作者，然后从作品的角度去思考自己所做的事情——怎么样把自己所做的事情"作品化"，变成可以对外展示和分享的作品。

就拿我刚刚的故事来举例子，我当时想做的不过是重新开始学画画而已，然而当我把自己想象成一个创作者，并且决定要办一场属于自己的画展之后，这件事情就变得意义非凡了——它不再是绘画技能的训练那么简单，而是成了一种自我探索和自我表达，而我要做的也不再是简单地把画画好，而是要思考，我想表达什么，以及如何通过画的形式来呈现。

再举个例子。2013年年末，我和几个朋友一起去印度跨年旅行。我一直对印度文化很感兴趣，这次旅行正好可以促进我深入学习和了解印度文化。为了充分利用这次旅行机会，我提前一个月就开始做功课，读完了一本特别厚的有关印度历史的书。在旅行途中，我也一直保持着同步阅读和学习。

这趟旅行之后，我发现自己对印度的历史和文化已经有了相当不错的了解，而且我对这次行程的设计和安排也特别满意。于是我就想，如果能够把自己所积累的这些知识和经验，分享给那些对印度文化和旅行同样感兴趣的人该多好呀！这个时候，我灵机一动：不然就做一期关于印度的旅行杂志吧？

事实上，那个时候，我还从来没有做过杂志，但这并不能阻碍我行动，因为不会可以学。结果不到两周的时间，我就完成了一期图文并茂的旅行杂志《世界教室系列之北印》，当中不仅对印度的地理、历史、宗教和文化进行了简单的介绍，还介绍了北印度一些主要的历史文化名城，最后还给出了特别实用的旅行建议。完成之后，我特别自豪地将杂志分享给了身边感兴趣的朋友们，并得到了大家的一致好评。

## 在作品中持续自我进化

有了几次"作品"创作的美好体验之后，我开始不自觉地寻找新的创作机会。

那时，我已经有了自己的公众号，也写了不少文章。这些文章推出之后，虽然有不少人转发，但是过不了几天，它们就会像石沉大海一般，淹没在众多其他信息中。

我不想自己辛苦写出来的文章变成一次性的"快消品"，于是我问自己：有没有可能找到一种方式，把自己写的文章都整理起来，让大家可以随时阅读呢？这时，我又想到了杂志，因为我发现，杂志不仅能够将这些文章整合在一起，还能通过排版让它们得到更好的视觉呈现，就算最后没有人读，我自己留着做纪念也是不错的。

趁着这股热情，我很快就完成了这期个人杂志。保守起见，我只印了 100 本，可没想到的是，杂志很快就被一抢而空了，这给了我莫大的鼓励和信心。半年之后，我又开始策划自己的第二期杂志。这一次，我在封面设计、校对和排版上做得更用心了，并把印刷数量增加到 300 本，结果又很快被抢空。为了满足更多读者的需求，我最后决定把纸质杂志改为电子杂志。

之后，个人杂志便成了我的个人系列作品，内容形式也从最初的公众号文章集，变成了一次全新的创作（每年我都会用两三个月的时间来进行杂志创作）。到现在为止，我已经完成了 6 期个人杂志。

关于作品，有的人可能会觉得，必须等到自己的能力达到一定水平之后再去考虑，但我的想法和建议恰恰相反：不管你此时处于怎样的水平，你都可以拥有自己的作品，因为作品不是用来证明自己的，而是用来促进学习和自我进化的。

说实话，让我现在回看过去的作品，不管是在思想内容、行文逻辑，还是表达方式上，我都能找出很多瑕疵，但如果没有过去这些不完美的作品，没有它们所带来的强大动力，我又怎么可能在短短几年内，就获得如此大的成长和进步呢？

正是因为我在各方面能力都还不够的时候，就把每一篇文章、每一期杂志当成自己的作品来看待，我才会在写作这件事情上如此用心和投入（每篇文章我都会花大量时间去思考和做研究，在写作和修改过程中也会反复推敲，以确保结构和逻辑的严谨性），而我的思考能力、认知能力和写作能力，就是在这一次又一次的用心创作中慢慢磨炼出来的。

说到这里，我想你应该能够体会到"作品思维"的好处了：当我们给一件事情设定了某种具体的作品形式之后，这件事情就会变得更加有意义，我们的动力也会更强，更为重要的是，有了作品的意识之后，我们会更加认真和投入，也能从中收获更多的成长与乐趣。

## 假如生活是一幅作品

事实上，这种"作品思维"不仅可以用在知识或技能的学习与提升上，还可以用在生活的方方面面，我们甚至可以把生活本身就看作自己的作品。

五年前，在进行第二期个人杂志创作的时候，我在杂志封面写下了这么一句话：如果生活是一幅作品，你会如何创作？这句话我特别喜欢，因为它就是我生活态度的完美体现——在我看来，生活本身是没有规则的，也没有固定模式，它存在着很大的想象空间，也存在着很多可能性，而我们的生活会以一个怎样的方式呈现，完全取决于我们自己的想法和行动。

当然，这种生活态度并不是我一直就有的，而是我在成长过程中慢慢领悟形成的。当我意识到美好的生活需要自己去创造之后，我便开始把大量的热情投入生活当中：我开始做断舍离，舍弃一切不必要的人、事、物，并花时间设计和打造自己的居住空间，让它符合我的个性与审美；我开始注重健康，努力培养健康的饮食和运动习惯；我也开始有意识地探索和培养可以长期投入的业余爱好，让自己的生活拥有更多高级乐趣。

经历了这些年在生活上的探索和实践，我越来越清楚，什么样的生活才是自己真正想要的，也慢慢地把生活打造成了自己最想要的样子。

曾经有段时间，我为自己放弃了艺术这条路而感到遗憾和心痛，但是现在想想，我发现自己并没有真的放弃，因为我真正热爱的其实并不是画画，而是创作——我最享受的是那个把头脑中的想法变成现实的过程——画画只不过是我当时选择的创作形式罢了，而如今我的创作形式，从画画变成了写作。

如此说来，我似乎已经在不知不觉中回到了自己最喜欢、也是最具天赋的那条道路，并如愿以偿地成了一名创作者。我相信，这条路我会一直走下去，未来我可能会探索更多的创作形式，然后用各种有趣的"作品"来不断丰富我的人生。

# 价值变现：
# 赚钱的逻辑

　　我知道，很多人心中都有着这样一个梦想，那就是有一天能够通过做自己喜欢的事情来赚钱。说实话，这个梦想其实并没有那么难实现，特别是在如今这个时代，但想要实现这个梦想，我们就得先转变自己的思维视角——从市场和价值交换的角度去考虑问题。

　　这种视角转换非常重要，因为喜欢的事情和赚钱的事情本质上是两件事情：喜不喜欢关乎的仅仅是个人需求和感受，只要能从中获得自我良好的感受，我们就会喜欢这件事情，但是能不能赚钱关乎的则是他人的需求和感受，因为钱在他人手里，只有当他们的某种需求能够得到满足时，他们才会愿意把钱掏出来。

　　如果我们只是想培养一项兴趣爱好，那么我们就只需要考虑自己，考虑如何让自己在这个过程中获得持续的进步和成就感，但如果我们想把喜欢的事情变成赚钱的事情，甚至是一项长期的事业，那么我们就需要学会从他人的角度去思考自我的价值。

## 从作品思维到产品思维

　　我之前做过一个基于微信的生活教育类品牌，叫作"第2身份"。当时，有个订阅者曾给我留言说不喜欢这个平台，因为它太商业化了。关于"太商业化"，她指的应该是，"第2身份"里的内容全都是与课程有关的介绍，没有任何"纯粹"的、与销售无关的分享。按照这种逻辑，我猜想她所渴望的"不商业化"的理想世界是这样的：每个人都愿意无偿地分享或者给予，这里的交换不是基于价格和金钱，而是基于爱心和奉献精神。

　　这种逻辑其实并不少见，不少人都有这样的信念，即商业（赚别人的钱）是不好的，公益才是伟大的。正是因为这种信念的存在，中国市场出现了很有意思的现象，很多创业公司为了避免让自己显得"太商业化"，把直接的商业模式变成间接的商业模式，比如，做内容的不靠内容赚钱，做工具软件的也不靠工具软件赚钱，而靠把用户信息卖给广告主或售卖用户隐私来赚钱。

　　苹果公司CEO蒂姆·库克（Tim Cook）曾经就在一封公开信中评论过这种模式，他说："当一项在线服务免费时，你就不再是消费者，反而成为被消费的对象。"蒂姆·库克声称苹果公司绝不会出售用户隐私，因为苹果的商业模式非常直接，那就是依靠出售出色的产品来赚钱。

　　我觉得，大家对于商业的误解主要是源于对商业本质的不了解。

复杂的现代商业和细致的分工使得每个人都只是价值链中微不足道的一分子，大多数人都处在价值链的中间环节，拿的也是固定薪资，因此我们很难跳出自己狭隘的视角，从市场的角度来理解商业，理解需求、价值与收益之间的关系。

然而，想要更好地抓住时代给予我们的机会，逐渐摆脱螺丝钉的角色，并最终拥有自己热爱的事业，那么我们就需要对商业的本质，或者说赚钱的逻辑，有更深刻的认知。

那么，商业的本质到底是什么？

我们可以先想想商业为什么会存在。商业为什么会存在呢？很简单，因为我们每个人都有需求，比如吃穿住行用等物质需求，以及各种各样的精神娱乐需求，这些需求是无法通过自给自足的方式来得到满足的，而是需要依赖他人的分工协作。这个时候，就需要有人来组织生产这些社会所需的东西。

可是，生产者怎么知道自己生产的东西是不是社会所需要的呢？唯一的判断方式就是看自己是否能赢利，因为消费者只会为自己需要的东西付钱：如果能够赢利，那就说明市场需求是存在的，收益是对你价值创造的一种肯定；如果无法赢利，那就说明你做的事情市场需求不大，应该停止，然后把资源投到更有价值的事情中去。

说到这里，我们会发现，商业的本质其实很简单，无非就是发现需求，满足需求，获得回报，或者换句话说，为他人提供需要的产品，以此来赚钱。我们甚至可以就用两个词来总结商业的本质，那就是产品和赚钱——赚钱是商业的终极目标，产品则是实现这个目标的关键。

不过值得一提的是，这里所说的产品指的并不是某种具体的商品或者服务，而是泛指一种解决方案，因为随着商业水平的不断提高，社会最基础的物质需求都已基本满足，所以，现代商业面对的都是更高层次的人性需求，而这个层面的需求都非常复杂，因为它是不具体的，你必须进行深入的思考、分析和判断，才有可能理解用户真正想要的是什么。

从这个角度来说，产品代表的，其实是你对问题和需求的理解，以及你利用自身优势和资源，最后所给出的解决方案。你对问题理解得越深，优势和资源越突出，那么你的产品就越有竞争力，经济回报自然也越高。

明白了这些之后，我们就不难得出这样的结论：不管是商业能力，还是赚钱能力，归根结底都需要依赖产品能力。那么以此类推，不管你是想提高自己的商业价值，还是想最终拥有属于自己的事业，最好的方式就是先训练自己的产品思维和产品能力，即学会从他人需求的角度思考这两个问题——我要为谁解决什么问题，这个问题要怎么解决——然后再根据这些思考，发掘自身优势，整合各种资源，把自己的价值打包成一个产品向世界交付，以此获得回报。

## 从自己的痛点开始

理解了什么是产品思维之后，我猜想，你可能又会冒出新的困惑：产品思维听上去的确非常好，我也很想拥有产品思维，可问题是，我根本不知道自己想要为谁解决什么问题，这个时候该怎么办呢?

关于这个问题，我的建议是，先从自己的痛点开始，从自己的生活开始。

知名管理学者陈春花教授曾在一次关于商业哲学的发言中提到，想要理解商业，我们就必须回归生活本身，商业之所以可持续是因为生活是持续的，每个人的生活是不断向前的，不断寻找生活本身价值的。人并不是一个消费者，而是一个生活者，人最重要的追求不是消费某些产品，而是让他的生活变得更加多元和更加精彩。

我特别认同这种说法。虽然从表面上来看，每个人的需求似乎都各不相同，但实际上这些需求都离不开一个共同的主题，那就是更好的生活，而我们所有的问题和不满足，归根结底也都是源于对美好生活的向往，以及对品质和意义的追求。

陈春花说，当商业能回答人在生活中的各种问题时，它自然就有了自己的价值。这个道理同样适用于个人：当你能成功地解决自己生活中的各种问题，把生活过成了别人都羡慕的样子，把自己打造成了别人都想接近的人时，你自然也就有了自己的价值。

所以，当你不知道想要为谁解决什么问题时，那就暂时把目光放到自己身上，把自己当成第一个客户，先学会为自己解决问题。说实在的，如果你连自己的问题都解决不了，连自己的生活都过不好，那还怎么期待自己去帮助他人拥有更好的生活呢？

事实上，我就是因为先解决了自己的问题，才找到了自己的人生热情和事业方向的。有读者曾经问我，我是什么时候知道自己想要做什么的。我想了想，告诉他，如果追根溯源的话，其实 9 年前在美国的时候，我就差不多知道了，只不过那时我只知道自己想做帮助他人成长的事情，但并不清楚具体要做什么。

为什么会有想要帮助他人成长的想法呢？很简单，因为我当时正经历着一场重要的成长与蜕变：我从一种长期以来的消极被动状态，变得积极主动起来，不断走出自己的舒适圈，大胆进行各种突破和尝试。在这个过程中，我逐渐找到了对生活的热爱，对未来的希望，以及对自己的信心——这些都是我当时最缺乏，也最渴望拥有的。

我发现，人是有分享本能的，当一个人感受到了某种快乐的时候，他就会很想把这种快乐分享给其他人，所以，当我自己体会到了那种积极美好的生命状态之后，我就特别渴望能够让更多人体会到，而且我很清楚，不少人其实和我过去一样，并不是很开心，对自己有很多不满，对未来充满了迷茫，但又不知道该怎么办，我想，如果我能够成功地实现自我改变，那么其他人也一定可以。

说实在的，在此之前，我从来没体会过什么叫作使命感，也不知道自己的人生热情在哪儿，更不清楚自己未来到底想要做什么，但是那次成长经历却给了我一种强烈的使命感，那就是，我要帮助更多人成长为一个更好版本的自我。从那以后，这种使命感便成了我最强大的动力来源，推动着我不断往前走，而我之后所做的一切事情，都是围绕着这个顶层目标进行的。

## 没有什么是一步到位的

那么，是不是知道了自己想要为谁解决什么问题之后，我们就可以通过产品来将自己的价值变现了呢？答案为否，因为知道想要解决什么问题，并不意味着你就能有效解决这个问题，要知道，想要解决问题和能够解决问题是两回事。

在前面的内容中，我曾提到了试错的概念：当我们不知道如何去实现某个目标的时候，唯一的办法就是去试错，先选择一个可能的解决方案去行动，如果失败，那就选择另一个可能的解决方案再接着尝试下去。只要这个问题是可以解决的，那么我们就一定能够通过行动和试错最终达成自己想实现的目标。

同样的道理，在不知道什么形式的产品才能有效地满足用户需求的时候，我们唯一的办法也只能是试错，也就是先把抽象的想法具体化，变成一个他人可以参与和体验的产品，这样的话，我们便能通过真实的反馈，了解到产品是否真的能够解决问题，然后再根据这些反馈去进行改变和调整。

除试错之外，迭代也是十分重要的。什么是迭代呢？如果说试错的目的是找到最佳的产品形式，那么迭代的目的则是根据反馈，持续对产品进行改进与完善，以提升用户体验和满意度。

不得不说，试错和迭代全都是产品思维中不可缺少的一部分，因为这个世界上，没有什么产品是一步到位的，所有产品都必须经历一个试错和迭代的过程，而且这种迭代可能永远都不会停止。

回到我自己的故事。虽说我很早就已经知道自己的人生热情在哪里（要解决什么问题），然而在具体要做什么（用什么方式去解决）这个问题上，我却经历了很长时间的试错，进行了很多次的产品迭代，直到现在才有了相对比较确定的答案。

我做的第一个尝试，是我在 2011 年利用业余时间创办的一个女性社区。我当时的想法很简单：我想，如果能够把一群渴望改变和成长的女性聚集在一起，那么大家就可以通过彼此之间的交流和学习来实现成长。

这个社区一开始做得还不错，但一年之后就遇到了发展的瓶颈，我自己也遭遇了一些人际关系上的挫折。通过反省，我意识到，仅仅把一群人聚在一起，组织一些活动，是没有办法帮助他人实现自我成长的，而且过于频繁的人际交往反而让我自己变得很浮躁。

意识到这些之后，我便放弃了这个项目，把业余时间全部投入阅读、学习和生活，并开始通过公众号写作的方式来梳理自己关于自我成长的思考。

我做的第二个尝试，是我在 2014 年夏天设计的线下课程。那个时候，我感觉自己对成长的理解好像差不多了，于是我开始计划，把自己关于自我成长的理念和方法，变成一个线下课程，通过这种方式来帮助大家成长。

由于之前并没有相关经验，我打算先做一个免费的试验版看看。我把这个课程命名为"梦想启动计划"，并通过在线招募和筛选，确定了第一批参与者，紧接着我用了两个多月的业余时间，很快完成了整个课程的设计和线下分享。

当产品还处于抽象想法的阶段时，我其实很难看到它的问题，等到这个课程完成之后，我才发现，它太不成熟了——这些内容和方法仅仅是我个人经验之谈，经不起推敲，背后也没有扎实的理论依据。所以，"梦想启动计划"第一期完成之后，我就停止了继续做的念头，并再次把重心转移到学习和思考上。

之后的这几年，我就一直在重复这个过程：每当我感觉自己想得差不多的时候，我就会把自己头脑中的想法具体化为一个产品，每做完一个新的产品，我都会发现一些之前意识不到的问题和认知上的盲点，这个时候，我又会继续回到学习和思考上，通过输出作品的方式（写文章和办杂志）来提升自己的认知。

这其实就是典型的精益创业（Lean Startup）。精益创业是硅谷创业家埃里克·瑞斯（Eric Rise）根据日本汽车丰田的管理哲学精益生产提出的。它的核心思想是，先在市场中投入一个极简的原型产品，然后通过不断的学习和有价值的用户反馈，对产品进行快速迭代优化，以期适应市场。

这些年，从表面上看，我似乎总是在不停地做各种尝试，但我内心非常清楚自己在做什么：我在做的，就是在作品和产品的交替输出中，不断加深自己对问题的思考与理解，提高自己解决问题的能力，在这个过程中我也尝试了不同类型的产品形式，比如社群、线下课程、线上课程和一对一咨询服务，并积累了相关的产品与运营经验，而这一切都是在为我最终的事业目标服务，即向这个世界交付一个出色的产品，以此实现我想实现的社会价值。

你现在所读到的这本书就是我最新的作品，它也算得上是我最重要、最骄傲的里程碑式作品，因为在这本书中，我终于完成了对问题的系统分析和梳理，以及整个理论和实践体系的系统化。有了这些做基础，我接下来就打算推出正式的产品和服务，并将个人重心从自我学习和积累，转移到事业发展和社会价值的创造上，帮助更多人解决自我发展的问题。

# 04
PART

建立精力管理策略

# 你不是真的懒，
# 你只是压力大

在第三部分，我们了解了目标设定的原则和方法，也了解了如何通过计划来设计和规划目标的实现过程。不过，就算有了具体的目标和详细的行动计划，也并不意味着我们就一定能够按照计划行动起来。

很多人在行动初期，都会遇到定了计划却没有办法按照计划去行动的情况。这个时候，大家通常都会把问题归结于缺乏自控力，紧接着就会去找各种各样有关自控力的书籍或者课程去学习，但最后的结果往往不尽如人意，而且很多时候，自己越是关注和强调自控力，自控行为反而会变得更难。

很多新时代成功学的书籍和文章都告诉我们：自控力是最重要的成功品质之一，它是一个人抵制诱惑，面对逆境和挑战时坚持不懈的必备要素，想要取得成功，你就必须让自己成为一个有自控力的人。

对于这样的观点，我们都深信不疑，因为它听上去很有道理、很符合逻辑。这就使得我们常常为自己"懒惰"和"缺乏自控力"的行为感到羞愧和内疚。然而，过去20年脑科学的研究却告诉我们，这种观念不仅仅是过时的，而且从根本上就是错误的，因为那些自控力的追捧者并不知道还有更为基本的东西在起作用，这个更为基本的东西，就是自我调节。

自我调节和自我控制有着本质的区别：所谓自我控制，指的是抑制对行动不利的情绪和冲动，比如你在不想做某件事情的时候，抑制住这种"不想做"的情绪，自我调节则是识别情绪和冲动产生的原因，减少情绪和冲动的强度，并在必要时，让我们拥有抵抗冲动的能量。

虽说自控力也非常重要，但它并不是强大行动力和成功生活的核心特点，因为当我们处在情绪不稳定或者情绪失去平衡的时候，行动力和自控力会不由自主地变得很糟糕，在这种情况下，只有先将情绪调节到平稳状态，自控和行动才有可能实现。所以，相比自控力，自我调节才是更为根本的能力。

## 自我调节，而非自我控制

现代人对于"自控力"的崇拜，很大程度上源于我们对大脑的错误认知。传统神经科学一直认为，大脑是通过一种层级结构在起作用：在大脑的前额叶皮质中有着"高层"的执行系统，这个执行系统统治并控制着从"低层"的边缘系统（边缘系统也叫作"情绪脑"）发出的冲动情绪。在这种观点下，如果一个人无法控制自己的情绪，那么他就会被认为是软弱的、缺乏意志力的，甚至是无能的。

　　然而，纽约大学神经科学家约瑟夫·勒杜克斯（Joseph LeDoux）关于杏仁核的研究颠覆了这种观点。他的研究告诉我们，大脑的新皮质（也就是所说的"思考脑"）虽然是高级中枢，但它对情绪的掌控其实是有限的，因为我们的情绪系统可以绕开新皮质自动做出反应，而且当情绪脑处于掌控地位时，思考脑不仅无法控制情绪，甚至本身还会受到抑制。

　　为什么会这样呢？这一切都源于杏仁核的独特功能。

　　杏仁核是位于大脑皮质下方的一个神经结构，它可以说是大脑情绪系统中最核心的一部分，负责情绪记忆与情绪反应。过去，神经科学认为杏仁核是受新皮质控制的，因为它必须先从新皮质获得信号才能做出情绪反应，但是勒杜克斯发现，杏仁核其实并不需要依赖新皮质来获得信号和做出反应。

　　一般来说，大脑对外部刺激的反应过程是这样的：感官（视觉、听觉、触觉等）收到的信号会通过丘脑传递到新皮质，新皮质会将信号转化成我们可以感知和理解的具体对象，然后我们才能对事件进行分析和判断。不过，丘脑在将信号传递给新皮质的同时，也会将信号同步传给杏仁核。由于这条通路更小、更短，而且杏仁核不需要像新皮质那样对信号做复杂的处理，所以杏仁核对信号的处理和反应速度要远远快于新皮质。

　　从进化的角度来看，大脑的这种设计对生存来说具有非常大的价值，因为它能够让我们在几毫秒之内对潜在威胁迅速做出反应，帮助我们快速逃离危险。你可以想象一下，如果在紧急的状况下，还需要等新皮质进行分析和判断之后才能做出反应，那么我们可能还没来得及理解是怎么回事就一命呜呼了。

　　了解到杏仁核的这种功能特性之后，我们就会发现，杏仁核在大脑中其实承担着警报的工作：它会对每个处境和认知进行判断，如果某件事情让它感到不安全，那么它就会拉响警报，并向大脑各主要部分发出紧急信息。这个时候，我们的大脑和身体就会立马进入应激状态，也就是所谓"战斗或逃跑"状态。

　　但问题是，我们大脑的这套警报系统早就已经过时了，因为它被进化出来是为了应对原始生存环境中随时会出现的食肉动物的袭击，而现代人显然无须时时刻刻警惕狮子的攻击。当下，我们所承受的大部分压力都来自心理层面，比如对某事的担忧，而不是真正意义上的生存威胁，但我们的警报系统并不知道，而且它的判断是极其快速且不精准的，只要它"认为"是威胁，它就会马上接管我们的大脑及身体，发出指令，激发情绪。

　　这种过时的警报系统，就会使我们经常因为杏仁核的过度敏感而处于"战斗或逃跑"状态中，比如领导的一句批评或者某个消极的念头，都有可能激活我们的应激系统。更糟糕的是，这些消极事件和念头可能会长期存在于我们的潜意识之中，只要它们不消失，警报就会持续存在，大脑也会一直不断产生过量的压力激素。

　　在"战斗或逃跑"状态中，为了有足够的能量应对"警报"，我们的大脑和身体会减缓或者关闭所有不需要消耗能量的功能，其中就包括新皮质所负责的所有功能，比如决策和判断、长远规划、专注力、认知能力、语言能力，以及我们非常看重的自控力。这就是为什么我们在紧张和焦虑的时候，认知能力、思考能力和表达能力都会下降，很难专注地做一些事情，容易被即时享乐所吸引，而且情绪也更容易失控。

如果你发现自己总是在拖延，总是无法按照自己定的计划去行动，这并不是因为你本身就很懒，或者本身意志力就很薄弱，而是因为你的心理压力太大，是因为你的应激系统一直处于运行和警觉状态，它消耗了你过多的能量，使得你大脑新皮质的正常功能无法发挥出来。

在这种情况下，强调自控力反而会让你因为内疚和自责而产生更多的心理压力，紧接着你的大脑就会释放出更多的压力激素，新皮质的功能进一步被抑制，这样的结果就是，想要实现自控变得更加困难了。

其实，此时的你真正需要的并不是自我控制，而是自我调节。自我调节的作用和自我控制完全相反，它能够帮助我们关闭大脑和身体的"战斗或逃跑"模式，让情绪脑恢复平静的状态。只有在情绪脑解除警报之后，思考脑才能发挥作用，你才会有足够的精力和能量来应对困难与挑战，把要做的事情做好。

## 识别你的压力源

如果说自我调节的目的是关闭大脑的"警报"模式，那么自我调节要做的第一件事情，自然就是找到"警报"的压力源，也就是要了解是什么让杏仁核感到不安和有威胁，并最终发出了警报。

说实话，这并不是一件容易的事情，因为杏仁核是独立于新皮质反应的，也就是说，情绪反应的这个过程意识并没有参与。当然，如果事件和情绪是紧挨着的，那么即便意识没有参与，我们也能很快知道情绪是因为什么而引起的。但问题是，并非所有的压力源都是某个具体的事件，它可能是一种长期的担忧，也可能是某种潜伏很久的愤怒或失望。在这种情况下，如果不对情绪进行深入挖掘和分析，我们其实很难知道自己为什么会处于现在这种状态。

那么，怎么才能找到自己的压力源呢？这里有一个最基本的原则，那就是，现代人的精神压力往往来源于信念与现实之间的冲突：如果你内心存在着焦虑、愤怒或担忧之类的消极情绪，那一定是因为现实与你所期待的不一致，或者你害怕会出现与期待不一致的结果。

我们来简单分析一下生活中常见的那些消极情绪。

**愤怒、不满和失望**

不知道你有没有发现，在我们每个人的头脑中都存在着各种各样有关世界、他人和自己的规则，这些规则通常都是以"必须""应该"之类的形式存在着，比如我们会觉得这个世界应该是什么样的，生活应该是什么样的，或者在某种场景下，一个人就应该怎样怎样，或者就不能怎么样。

一旦现实发生的事情"违反"了我们头脑中的这些"规则"，杏仁核就会把它当成一种"威胁"，并拉响警报，于是我们就会感受到不满甚至是愤怒的情绪，也会忍不住想要去指责和评判，比如说，当我们觉得别人应该理解和尊重自己，但别人没有这样做的时候，我们就会感到非常生气；再比如，当我们觉得自己应该去做某件事情，或者应该把某件事情做好，但最终事与愿违的时候，我们就会对自己感到失望，并因此陷入自责的情绪之中。

其实，如果你去仔细审视自己内心那些愤怒、不满和失望的情绪，你就会发现，这些情绪背后一定潜藏着某种"应该"或者"不应该"的期待与信念。

### 担忧、焦虑和害怕

刚刚说到的这些情绪都是和已经发生的事情有关，但除这些事情之外，我们还经常会为没有发生的，甚至根本不确定会不会发生的事情而苦恼，比如当我们想到自己做某件事情有可能会失败，或者总想着某些可能会发生的不好的结果时，我们就会不由自主地感到担心和焦虑。

如果说愤怒、不满和失望通常是因为现实和期待不一致，那么担忧和焦虑一定是因为我们把注意力放在了自己不想要、不期待发生的事情和结果上。这是因为，以杏仁核为中心的应急系统其实是非常原始和落后的，它没有办法区分什么是现实，什么是想象，当我们去想象一个不好的事情或者结果的时候，它就会以为这件事情已经发生了，于是就会拉响警报，为接下来的"战斗或逃跑"做好准备。

你可能不知道，当大脑处于焦虑和警觉的状态时，它会更容易产生消极的想法，我们就更容易把注意力聚焦在不好的结果上，这样我们就会变得更加焦虑。在这种状态下，我们各方面的潜能都会受到影响，反而更容易失败，更容易得到自己不想要的结果。

总而言之，关于精神压力，我们需要明白的是，生活中并不存在什么真正的"生存威胁"，所有压力都是认知层面的，都是因为头脑中的某种信念和想法而引起的，找到了这些信念和想法，我们就找到了压力源。

## 聚焦自己可以掌控的

找到了压力源之后，我们接下来要怎么消除这些不良压力呢？

说到这里，我想先分享一段非常著名的祷告文，叫作《宁静之祷》，它前面三句是这么说的：

上帝啊，

请赐我宁静，让我接受那些自己无法改变的事情；

请赐我勇气，让我改变那些自己可以改变的事情；

请赐我智慧，让我分辨两者的区别。

答案其实就在这短短的几句话里，那就是，接受那些自己改变不了的事情，然后把注意力放在自己可以改变和掌控的事情上。从本质上来说，我们生活中的所有痛苦都源于无法实现的控制欲，都是因为我们总想去控制那些自己控制不了的事情——比如已经发生的事情，未来不知道会不会发生的事情，或者他人的看法，等等——却不懂得把注意力放在那些自己可以改变和控制的事情上，以此让自己的生活变得更好。

可是，新的问题又来了：我们怎样才能知道什么是自己能掌控的，什么是自己掌控不了的事情呢？

说实在的，在这个世界上，我们真正能够掌控的东西少之又少：我们掌控不了他人的行为、态度和想法，我们也掌控不了任何结果，我们甚至连自己的情绪都掌控不了，因为情绪本身就不受意识控制。

那么我们到底能掌控什么呢？这个世界上我们真正可以掌控的东西，其实全都在我们自己的脑子里，那就是我们的信念（我们相信什么、不相信什么）、看法（我们如何看待和解读身边发生的事情），以及注意力（我们关注什么，不关注什么）。

千万别小看它们的力量，因为通过它们，我们其实能够改变很多东西：虽然我们无法直接掌控自己的情绪，但是我们可以通过调整自己的信念和看法，改变注意力的焦点，来调节自己的情绪和状态；通过调节情绪和状态，我们就能够改变自己的行为；通过改变我们的行为，我们就能间接地影响和改变最后的结果，也能改变他人对我们的看法和态度。

明白了这些道理之后，再回到如何消除心理压力这个问题上，我们就不难发现，情绪调节的关键在于改变认知和转移注意力。所谓改变认知，就是要改变自己头脑中那些与现实相冲突的信念，转移注意力就是要把关注点从那些自己不想要的结果上，转移到自己想要的结果上，并思考如何去实现它。

**1. 改变认知：学会接纳，放下执念与评判**

既然压力是因为现实与自己想要的不一样而造成的，而现实又是我们改变和控制不了的，那么想要消除这个冲突，我们唯一能够做的事情就是改变自己的信念，然后面对和接纳现实。一旦我们头脑中那个与现实不符的信念消失了，内心的冲突和压力自然就会消失。

比如说，如果你的压力是完美主义所导致的，是因为你不允许自己犯错，不允许自己做不好，那么就告诉自己"犯错是不可以避免的，没有人规定我不能犯错，所以我一定会犯错，我可以犯错"。当我们接受了自己的不完美，接受了自己会犯错之后，我们就不会再因为犯了错或者害怕犯错而焦虑不安。

值得一提的是，我发现，很多人会分不清客观事实和主观评判之间的区别。"我这件事情没做好"是事实，但"我很笨""我什么事情都做不好"就不是事实，而仅仅是一种主观评判。很多时候，我们之所以不愿意接纳和面对事实，就是因为我们混淆了事实和评判，我们相信，"我犯错"就意味着"我很笨"。

所以，当我们发现自己抗拒接受某种现实的时候，我们需要继续深挖背后那些与评判相关的信念（这些不合理的消极信念与我们前面说到的底层思维模式息息相关），只有当我们把这个层面的信念找出来，并对它进行调整，我们才能最终学会接纳。

## 2. 转移注意力：把精力放在如何解决问题上

不过，接纳现实并不是最后的终点，接纳仅仅是为了减少不良压力导致的内耗，让精力得以释放。只有这样，我们才有可能把注意力从那些我们改变不了的事情，以及那些我们不想要的结果和状态上，转移到我们想要的并且可以实现的结果上，然后通过设定合理的目标和行动计划，来推动自己朝着想要的结果前进。

比如说，假如我们放弃了"我不能犯错"的想法，那么再遇到犯错的情况，我们就不会责怪自己为什么会犯错，为什么做不好，而是会去想我们要怎么从错误当中学习和自我改进，以免下次再犯同样的错误。

通过这样的自我调节，我们就能让自己的心理压力得到很好的缓解，让情绪脑恢复到平衡状态，当精神压力消失之后，我们的自控力自然就会提高，行动力也就不再是问题了。

# 现代人都得学会的减压术

　　去年有几个月，我都在忙着写新书。就在书稿快要完成的时候，我突然感觉自己整个人的状态都特别不好，大脑总是昏昏沉沉的，打不起精神，晚上睡眠质量也不好，入睡困难，而且经常半夜醒来。

　　正巧那个时候我遇到了一个很久不见的朋友，我问他最近在忙些什么，他告诉我，他今年给自己定的主题就只有两个字——放松。

　　这个答案也太出乎我的意料了！我问他怎么会想到定这样一个主题。他说他之前太焦虑了，以至于身体一直处于亚健康状态，经过半年的放松，他现在已经恢复到一个很好的状态了。紧接着，我又问了一下他的放松方法，他说他用的就是正念的那套方法。

　　听完这些，我立马联想到了自己。我心想，自己最近状态那么不好，是不是就是因为精神压力过大，又没有让大脑得到很好的放松呢？为了检验这种猜想，我暂停了几天的工作，并且利用呼吸练习和身体扫描来帮助自己放松。没想到几天之后，我身上那些疲劳感真的都消失了。

这个时候，我才意识到，自己原来一直处于慢性压力之中却不自知。好在我对神经科学有一定的了解，并且曾经进行过近两年的冥想训练，我很快就明白了为什么正念冥想是减压和放松的最佳方法。于是，我决定重新养成冥想的习惯。

在如今这个节奏越来越快、压力越来越大的时代，我相信很多人都有类似的问题——长期处于慢性压力之下，精神状态欠佳。其实，压力本身并不是问题，关键在于如何释放和缓解压力，只要能够懂得如何关闭大脑的应急系统，让身心及时得到放松，那么压力就不会对我们造成负面的影响。

在前面的内容中，我们其实已经了解了如何在认知层面进行自我调节，正念冥想则是另一种重要的调节方法，它不仅能够帮助我们很好地放松身心，也有助于我们更好地进行认知层面的调节。

## 大脑的紧张与放松

想要懂得如何放松，我们就不得不先理解放松的对立面——紧张。紧张和放松，代表的其实是大脑神经系统的两种不同状态，而大脑之所以会有这两种不同的状态，是为了实现两种重要的功能：白天工作和夜晚修复。

大家可能都知道，我们身体的所有器官，都是由自主神经控制的。自主神经分为"交感神经"和"副交感神经"。交感神经是"白天"的神经、"活动"的神经。副交感神经是"夜晚"的神经、"休息"的神经。

白天，当交感神经处于主导地位时，大脑和身体便会释放去甲肾上腺素、肾上腺素和皮质醇，它们被统称为压力激素。压力激素听着像个"反面角色"，但其实是有着积极作用的——它们能够帮助我们很好应对工作中的"精神压力"。这是因为适量的压力激素会让我们产生一定的紧张感或兴奋感，这不仅能有助于我们集中注意力，也能激活工作记忆，提高大脑的运转速度，我们的工作效率和质量自然就会提高。

从这个角度来说，工作中有适当的压力是好事，因为压力可以激发我们的潜能。当然，压力也不能过大，过大的精神压力会导致大脑加大压力激素的分泌，而过多的压力激素不仅不能提高工作效率，反而会起到相反的作用——使得大脑因为过度紧张和焦虑而无法正常工作。

如果说压力激素在白天是守护我们的"天使"，那么一旦到了晚上它们就会变身成伤害我们的"恶魔"，因为如果到了晚上，我们身体内还存在很多的压力激素，那么我们的身体就会一直处于对抗压力的状态，并因此无法得到很好的休息与修复，长此以往就会给身体带来各种各样不良的影响，比如影响大脑的学习、记忆和注意力等功能；抑制免疫系统，使得身体免疫力下降，容易感染和生病；抑制胰岛素的作用，容易造成肥胖、糖尿病；等等。

所以，为了保持大脑和身体的健康，确保它们有足够精力应对白天的工作，我们就必须在它需要休息的时候，关闭交感神经，不再去想那些会让我们产生精神压力的事情，也不去做那些让大脑感到兴奋的事情。只有这样，大脑才会停止压力激素的释放，并切换到"休息模式"，把主导权交给副交感神经，让高负荷工作了一天的身体得到足够的休息与放松。

## 娱乐不等于放松

我相信，绝大多数人其实是知道休息和放松的重要性的，只是大家对放松的理解并不准确，以为不工作就是在放松，所以大部分人都会把娱乐当成自己的放松方式，但实际上放松在生理上和娱乐完全不同。

经过刚刚的解释，我们已经了解到，放松的本质是关闭交感神经系统，让副交感神经掌握主导权。在放松的状态下，压力激素会停止释放，皮质醇水平会下降，我们的心率、呼吸频率和血压都会降低，内心也会感到很平静。

但是在娱乐的时候，比如追剧、看娱乐节目、玩游戏、刷朋友圈的时候，我们的大脑是很兴奋的（它在不断接收外部刺激），心率、呼吸频率和血压都比较高，此时处在主导地位的依然是交感神经系统。所以，娱乐和放松完全是两回事。虽然在娱乐的时候，我们会觉得很"爽"、很开心，但其实它并不能让大脑和身体得到放松，要知道它们本质上还是在"工作"。

当然，我并不是说娱乐是不好的，适当的娱乐有时是很有必要的，因为当我们辛苦工作了一天，尤其是做了很多自己不喜欢、又没有什么成就感的工作任务之后，我们是需要做一些让自己感到快乐和享受的事情，来弥补内心满足感或成就感的缺失。

事实上，我每天晚上，也都会给自己一些娱乐时间，看看自己喜欢的娱乐节目，我把娱乐当成辛苦工作后给自己的一种奖赏，不然的话，我就总会有种"不够满足"的感觉。

总而言之，娱乐不等于放松，虽说娱乐不是一件坏事，适当的娱乐是有利于身心健康的，但一定要有所控制，除娱乐之外，还是得给自己留一些放松的时间。

## 正念如何帮助减压

说到这里，相信你应该对什么是放松有所了解了。想要真正做到放松，关键得停止对大脑的刺激，不管这种刺激是内在精神压力的刺激，还是外在娱乐的刺激。

但说实话，这是一件极其困难的事情，因为就算什么都不做，我们也会忍不住想各种各样的事情，比如白天发生的事情、未完成的工作、关于别人想法的猜测、对他人的不满和愤怒、对自己的批判、对未来的担忧和迷茫等等。这些想法会持续不断地刺激我们的大脑，使得大脑无法安静下来。

怎么样才能不让自己想那么多呢？其实，我们是很难控制大脑不去想事情的，因为只要我们的注意力没有聚焦在某件事情或者某个任务上，那么大脑的"默认模式网络"就会被激活，这个时候，大脑就会"胡思乱想"，从一个想法跳到另一个想法，而想要大脑停止"胡思乱想",唯一的办法就是让注意力保持聚焦,比如聚焦在呼吸给身体带来的感受上。

这实际上就是正念减压的原理。我们生活中很多不必要的紧张感和焦虑感几乎都是因为头脑中的想法所引起的,假如我们能够把自己的注意力聚焦在身体的感觉上,那么我们的头脑中就不会产生那么多想法和念头,大脑就会逐渐安静下来,身体也能得到放松。

所谓正念(mindfulness),就是要学会活在当下,不被想法和念头所控制而一直活在过去或者未来。这种状态的实现,需要依赖三种核心技能,它们分别是:专注、觉察和接纳(不评判)。

专注,就是要主动把自己的注意力聚焦在想要专注的东西上;觉察,就是能够在走神、想法冒出来的时候很快觉察到;接纳,就是不对想法或自己进行评判,只是安静地把注意力重新拉回到要专注的东西上。

正念练习的方法实际上非常简单,最常见的形式就是呼吸冥想,也就是把注意力放在呼吸上,专注于自己的呼吸,去感受呼吸时的身体变化,当我们发现自己走神了,发现注意力开始迷失在各种各样的想法中时,我们要不加评判地把注意力拉回到呼吸上,假如过了一会儿,我们发现注意力又跑了,那么就再次把注意力带回呼吸上。

当然,你也可以选择不用呼吸作为聚焦点,而是把注意力放在其他的感受上,比如除呼吸冥想之外,还有身体扫描、行走冥想等等。身体扫描,就是引导注意力依序观察身体不同部位的感受。行走冥想,就是缓慢地行走,把注意力放在脚底的感受上。

关于正念冥想,不少人可能会认为,正念冥想就是要做到什么都不想。其实不然，什么都不想几乎是不可能的，即便是非常资深的冥想练习者也没有办法做到。我们真正要训练的是觉察力和专注力，而这两种能力是相辅相成的，每当我们意识到自己走神了，并把注意力重新带回到需要专注的东西上时，我们就是在训练自己的觉察力。

一开始，你可能会在想法中迷失很长一段时间才能意识到自己走神了，随着练习的增加，我们从开始走神到意识到自己走神之间的时间会越来越短，走神的时间越短，专注的时间自然就会越长。

如果你能把正念冥想变成自己的一种日常习惯，每天早上或者睡前冥想 10 分钟，那么你一定会因此终身受益。当你熟练掌握了正念的技巧之后，你就会发现，自己不仅能够更好地应对各种压力，精神状态也会更好，专注力和对情绪的觉察力也会越来越强。

# 学会巧妙应对拖延

拖延，这几乎是每个人都会遇到的挑战，对一些自律性比较高的人来说，这可能是偶尔会遇到的问题，但对那些自律性较差的人来说，这可能是一场每天都必须面对的"战役"。

其实，所谓"拖延症"并不是现在才有的问题，它已经在人类历史上存在了上千年的时间。古希腊哲学家苏格拉底和亚里士多德还专门发明了一个词来描述这种行为——Akrasia。Akrasia 的意思是，你明知道自己应该做某件事情，却做了其他的事情。可见，拖延是一个古老而永恒的问题，我们每个人都注定了要和拖延做斗争。

你可能会好奇：人类为什么会有拖延的问题呢？

要解释这个问题，我们就得简单了解一下拖延背后的心理学。行为心理学家通过研究发现，人类的拖延行为和大脑的一个独特心理现象有关，这个心理现象叫作"时间不一致性"（time inconsistency），它的具体体现就是，相比长远利益，大脑更喜欢此时就能获得的快乐和满足感。

为了更好地理解大脑的这个特点，我们可以想象自己的头脑里存在着两个自我，一个是"现在的自己"（present self），另一个是"未来的自己"（future self）。当我们在设定某个目标的时候，比如健身或者学习某项技能，我们其实是在为未来的自己做计划。这个时候，我们头脑里想到的都是自己未来的状态，而当我们想的是未来的自己的时候，大脑是很容易看到行动所能带来的长远利益和价值的。

但问题是，设定目标和做计划的是"未来的自己"，执行计划的却是"现在的自己"。等到需要为目标付出行动的时候，我们便会回到"现在的自己"的模式，当大脑想着的是现在的自己的时候，它就会更倾向于此时就能得到的快乐和满足感，那些远在未来的快乐和利益也就显得没有那么重要了。

说到这里，我想你大概已经明白了，拖延的问题之所以会存在，是因为我们头脑中存在着两个自我，而这两个自我又存在着利益上的冲突："未来的自己"看重的是长远利益，比如长期的健康和良好的体形；"现在的自己"却更在意当下的快乐和满足感，比如美食所带来的快感。

这种困扰可以说是人类所独有的，因为对那些没有"未来的自己"这种概念的动物来说，它们可以快快乐乐地活在当下，根本不需要为未来做什么计划和牺牲。人类却不同，我们是有自我和未来意识的：我们知道昨天的自己、今天的自己和未来的自己有着连续性，也清楚地知道自己今天的行为和选择会对未来的自己产生影响，所以我们不能只为现在而活，只追求当下的快乐，我们还得为未来做打算，还需要考虑未来的快乐和利益。

依靠长期的回报来激励现在的自己无疑是一件非常难的事情，因为现在的自己并不那么在意未来的回报。想要更好地激励现在的自己，我们就必须找到一种方法把未来的"奖赏"转移到现在，或者让未来的不良后果变成现在的不良后果（让未来的快乐或痛苦，变成近在眼前的快乐或痛苦）。

如果你回想一下自己的经历，你就会发现，很多时候正是因为发生了这种"转移"，我们才得以行动起来。

举个例子，假设你要写个报告。你其实上周就已经知道自己必须完成这个报告了，但你就是没有办法开始，只能眼看着自己日复一日地拖延下去。每次想到报告的事情，你内心都会感到焦虑和苦恼，但这些痛苦还不足以让你开始行动。

突然有一天，你发现明天就是报告的截止日期了，这个时候未来的后果就变成了现在的后果，因为如果明天你还没有完成报告，那你就得面对领导的责骂和惩罚，于是你加班加点，终于在最后一刻把报告写完了。

实际上，一旦你开始行动起来了，你感受到的痛苦反而会减轻。这是因为，虽然完成一项会消耗脑力的任务需要经历"用功"的痛苦，但相比之下，你在拖延时所感受到的内疚、羞耻和焦虑要更为糟糕，也就是说，拖延中的你其实比行动中的你更痛苦。

所以，真正的问题并不在行动本身，而在于开始行动，因为行动其实并没有我们想象的那么痛苦，它反而会让我们摆脱内疚和焦虑的折磨，有时甚至还会给我们带来充实和满足感。如果我们想停止拖延，那么我们就需要尽可能容易地让现在的自己迈出开始的那一步。

那么，具体要怎么做呢？以下是几个平时我自己会使用的策略：

## 让快乐提前到来

通过刚才的解释，我们已经明白了，我们之所以会拖延，是因为做计划的是"未来的自己"，执行计划的却是"现在的自己"，而对"现在的自己"来说，那些需要等很长时间才能获得的利益并没有太大的诱惑力，它更倾向于此时就能获得的快乐和满足感。

假如我们能够找到某种方式，让未来的快乐提前到来，那么克服拖延自然就会变得没那么困难了。可是，怎样才能把利益从未来带到现在呢？一个公认有效的办法就是"诱惑绑定"（temptation bundling）。

诱惑绑定这个概念，最初是由宾夕法尼亚大学的凯瑟琳·米尔科曼（Katherine L. Milkman）教授提出来的。简单来说，"诱惑绑定"就是把一个你并不享受但能给你带来长远利益的行为，和一个让你此时能够感到快乐的行为绑定在一起，它的基本形式为：只有在做那件你想要拖延的事情的时候，才能做那件你喜欢做的事情。

举个例子，如果你不喜欢健身，但又想培养和保持健身的习惯，那么不妨把健身和你特别喜欢听的某个节目绑定在一起，而且最好是规定，只能在健身的时候听这个节目。如此一来，健身这件事情就会变得有诱惑力了，因为你可以在健身的时候听自己最喜欢的节目。

这种绑定可以是灵活多变的，它的关键点在于用诱惑对抗阻力，只要这个诱惑有足够的吸引力，那么它就能在克服拖延上起到一定的作用。我们甚至可以把这个策略看作一种自己和自己的谈判：当我们特别不想做某件事情的时候，我们就可以想想，什么是自己特别喜欢和想要做的事情，然后将它和当前任务绑定在一起，把它当作任务完成后的奖励。

我在生活和工作中就会时不时地用到这种策略。就拿这次写书来举例，虽然说我非常清楚自己为什么要写这本书，也知道这次创作对我的个人发展来说非常重要，但这个写作过程实在是很艰辛，我有好几次都陷入了"写不下去"的困境，不得不一而再再而三地推翻重来。这种煎熬实在太折磨人了，让我变得很不快乐。

后来，为了找回平衡感，我决定暂时停掉所有其他需要消耗脑力和意志力的事情，每天只写作5—6个小时，将剩余的时间全部用来休闲和娱乐。我甚至会在每天工作前，先做好当晚的美食和娱乐计划，给自己一些期盼。这样的改变让我的状态很快就调整过来了，我不再感到煎熬和痛苦，而且每天写起来还很有动力，因为我知道，只要完成了当天的写作任务，我就可以去享受生活了。

再比如，有时我需要面对一些枯燥的、没有太多乐趣和挑战的工作，为了让自己行动起来，我就会找一家环境特别好的咖啡馆，点上一杯咖啡和一些甜点。有了这些"奖赏"之后，我通常立马就能进入工作状态，因为我头脑中会不自觉地产生这样一种想法：只有好好工作，把这些任务尽快完成，我才值得享受那么美好的下午茶。

## 让痛苦提前到来

我们无论做什么事情，背后的驱动力都可以归为这两种：要么是为了追求快乐，要么是为了避免痛苦。也就是说，有的时候我们想做某件事情，并不是为了得到快乐，而是为了避免某种潜在的痛苦，比如很多人想要保持健康的饮食和运动习惯，背后的主要动机就是想避免一些潜在的健康风险。

如果是这种情况，那么拖延的原因就不再是"快乐太遥远，对现在的自己构成不了诱惑"，而是"痛苦太遥远，对现在的自己造成不了影响"。

举个例子，虽然我们都知道不健康的饮食会带来健康风险，但为什么我们还是管不住自己的嘴呢？原因就在于，这种不良影响通常需要很长一段时间才能体现出来，对"现在的自己"来说，那种痛苦过于遥远，此时根本感受不到，感受不到痛苦，自控当然就会变得很困难。

对于这种类型的拖延，我们就可以采取"让痛苦提前到来"的策略。其实，大家经常喜欢使用的"打卡"，就是一个不错的办法，因为打卡利用的就是人们厌恶"背弃承诺"的心理特点——当你承诺了某件事情，却没有做到的话，你内心就会有种愧疚感和羞耻感，为了避免这种痛苦，你就会努力去遵守自己的承诺。

当然，对有些人来说，这种"背弃承诺"的痛苦可能还不足以让自己保持行动，这个时候，你就可以考虑增加痛苦的程度，比如加入契约金规则，用损失金钱的痛苦来刺激自己，这种潜在损失越大，你感受到的痛苦就越强烈，行动的动力也就越大。

另外，给自己找一个共同行动的小伙伴也可以起到同样的作用，比如如果你想坚持跑步，那么就找一个同样想要坚持跑步的小伙伴，两个人结伴行动。这样做的好处在于，一方面你的动力会更大，另一方面，在你想要偷懒的时候，一想到这样做可能会影响对方，或者给对方留下"不靠谱"的印象，你自然就会打消偷懒的想法。

## 让任务变得更容易达成

刚刚提到的两个策略本质上都是通过加强"现在的自己"的动力来促进行动，第三个策略则是为了降低行动的阻力。

正如我们之前所探讨的，导致拖延的关键点通常就集中在"开始"的行为上。一旦你开始行动，继续保持行动就不再是一件困难的事情了。这实际上就是为什么要尽量把任务设计得更容易达成，因为如果这个任务很小而且很容易开始，那么你就不太可能拖延。

把任务变得更容易达成至少会带来两个重要的好处：

第一，小进步所带来的成就感有助于保持长期的势头，这意味着你更有可能完成大的任务。

第二，你越快地完成一项有成效的任务，你这一天就能越早地培养出一种"高效感"，这种感觉会让你更有动力完成接下来的任务。

我们用一个例子来解释。

假设你给自己这周定了一项任务——完成一篇文章，如果写文章这件事情是你不擅长也不享受的，那么我敢肯定你一定会出现拖延的情况，把这个任务一拖再拖，背后的原因很简单：难度太大的挑战会让人产生焦虑感和抵抗情绪，而拖延则是暂时逃避这种焦虑感的最好选择。

但是，如果你对任务进行一下修改，把它改为"构思文章，明确文章的核心观点和主要论点"，那么这个时候，任务的难度就大大降低了，只要这个任务是你觉得自己有能力完成的，你便不会感到焦虑，也不会有太强的抵抗情绪，克服拖延自然也就变得容易多了。

等到这个任务完成之后，你的内心便会滋生出一种小小的满足感和成就感，它们会成为你继续行动的动力。这个时候，你就可以趁机给自己设定下一个小任务，比如完成文章的开头部分。这个任务完成了之后，再设定下一个小任务，直到完成整篇文章。

前面我有提到，我平时就是用这种方式来管理自己写作的策略——我从来不把一篇文章的写作当成一个任务来完成，而是会把它分解成很多个小任务，然后用 3 天左右的时间把这些小任务逐一完成。这样的话，我内心的压力会小很多，也就很少会出现拖延的情况。

我发现，英国作家安东尼·特罗洛普（Anthony Trollope）也是用这种方式来管理写作的，只不过他会把任务分解得更细——每 15 分钟写 250 个字，每天按照这种模式写 3 个小时。正是因为这种"专注于小任务和小进步"的独特任务管理模式，安东尼才成了一个超级多产的作家——他这一生总共写了 47 本小说，18 本非虚构类作品，12 个短篇故事和 2 部戏剧。

同样的道理，如果你想养成某种好的生活习惯，不要一开始就把这个习惯变得很难，不要在你还没学会走路的时候，就急着要跑起来，而是要从最简单、最容易达成的目标开始，比如，如果你想开始运动，千万别一上来就要求自己一周运动 5 天，从一周运动一天开始，等到自己习惯了一周一天的运动量之后，再根据实际情况进行调整。如果一件事情一开始就那么难，那么你注定是坚持不下去的。

以上说到的这三个策略看似相互独立，但实际上我们完全可以把它们组合在一起使用，而且组合起来的力量会更大，比如说，我们可以把某个重要的长远目标，分解成一个个里程碑式的短期目标，然后再把短期目标分解成难度适中的小任务，再把诱惑、奖励和公开承诺之类的策略加入这个行动过程。

不过话又说回来，对目标的成功实现来说，这些对抗拖延的方法和策略固然重要，但它们并不能成为我们动力的来源，给予我们方向和动力的永远是我们的人生目标。如果我们内心缺乏清晰的目标，以及对目标的强烈渴望，那么再好的策略也没有办法帮助我们长期坚持下去，只有再加上确定的目标和强烈的内在动力，我们才能在对抗拖延症的战役中取得胜利和成果。

# 每天最重要的 4 小时

你在平时的学习和工作中有没有这样的困扰：

经常没有办法集中精力做一件事情，做着做着就想要去看看手机，一有什么新的信息出现，就立马被它吸引。

虽然总想要通过学习和输出的方式进行自我提升，可是一旦遇到稍微有点认知挑战、需要消耗脑力去思考的事情，就很难沉下心去做，总是一拖再拖。

每天看似忙忙碌碌，却没有任何内在充实感，感觉不到自己有价值，也不觉得自己有什么实质性的进步和成长。

如果有这样的困扰，那就说明你缺乏深度工作的能力。

## 深度工作 vs 浮浅工作

什么是深度工作呢？这个概念其实是《深度工作》的作者卡

尔·纽波特（Cal Newport）自己创造的。卡尔毕业于麻省理工学院，目前是乔治城大学计算机科学副教授，此外，他还是一位畅销书作者，一共出版了6本书，并创办了一个叫作"学习黑客"（Study Hacks）的博客。

卡尔把深度工作（Deep Work）定义为：

需要在无干扰的状态下才能专注地进行的专业活动，这样的活动能够使个人的认知能力达到极限。这种努力能够创造新的价值，提升你的技能，而且是难以复制的。

与深度工作相对的是浮浅工作（Shallow Work），它的定义是：

对认知要求不高的事务性任务，往往在受到干扰的情况下开展。此类工作通常不会为世界创造太多新价值，且容易复制。

用我自己的话来解释，深度工作其实就是那些随着时间的推移，能够让你拥有不可替代的价值和优势的事情。这样的事情通常具有一定的认知上的挑战，做的时候需要专注和投入，而且完成之后能够让人有种自我成长的充实和满足感。

一般来说，任何重复性的、流程性的或者不需要太多思考就可以完成的执行类任务，都属于浮浅工作，而那些没有"标准答案"、没有固定做法，需要深入理解和思考才能完成的事情，才算得上深度工作。

　　不过，深度工作本身还存在着深浅之分，有的价值更高，有的价值会相对低一点。如何衡量一项任务的深浅度呢？一个非常实用的评判方法就是问自己：要让一个刚毕业还没有在该领域接受特别训练的大学生完成这项工作需要多久？

　　假如一个刚毕业的大学生，只需要花一个月的训练就能完成这项工作，那么说明此项工作的可替代性很强，但如果需要花几年时间的磨炼，才能很好地完成这项工作，那就说明这些工作需要大量过硬的专业技能和实践经验，这样类型的工作不仅可以在单位时间内提供更多的价值回报，还能更好地锻炼和提升你的能力。

　　当然，在生活和工作中，没有人可以完全逃离浮浅工作，有些琐碎的事情虽然价值没有那么大，却是很有必要的，而且当你职位不高的时候，你肯定免不了要做很多重复性的、没有太多价值和挑战的工作。要知道，公司雇你是让你来干活的，不是来学习的。

　　但是如果你想让自己拥有更好的机会和发展前景，你就得主动去做规划：你需要思考自己想要拥有怎样的能力和成长，哪些事情能够让自己得到这样的成长，然后尽可能高效地完成那些必须完成的浮浅工作，以确保自己有足够的时间和精力投入更有价值的事情。

　　随着科技的不断发展，深度工作的能力正在变得越来越重要，因为那些低价值的事务性工作都会逐渐被智能化。卡尔在书中就提到：在这种新经济形势下，想要获得特别的优势，两种核心能力是关键，一个是迅速掌握复杂工具的能力，另一个是在工作质量和速度方面都达到精英层次的能力，而这两种能力无一例外都依赖于深度工作的能力。

# 大脑遵循"最小阻力原则"

不过说句实话，即便此时的你知道了深度工作的重要性，也知道哪些事情对自己的未来发展很重要，我估计，你依然很难专注和投入地去做这些事情。

这其实并不是你的错，而是与大脑的特性有关：大脑会本能地遵循"最小阻力原则"（The Principle of Least Resistance），也就是喜欢把复杂的事情丢到一边，先去处理简单的事情，因为简单的事情处理起来相对不那么费力，而复杂的事情，处理起来不轻松，需要消耗大量的脑力。

而且，大脑还会对新奇的刺激产生本能的兴奋感，这就会让我们的注意力很容易被分散，很容易被新鲜刺激的东西吸引。这一点从进化的角度来看是完全合理的：毕竟，大脑的首要任务是评估各种情况的安全性。那些独特、新奇、突发或者迥异的东西一旦出现，注意力就会立马集中到那些东西上，这样它才能去评估这个新东西是不是安全的。

注意力的这种特点原本是为了帮助我们更好地生存，现在却成了商家和媒体操控我们的工具：很多内容、产品和活动就是根据这些特点精心设计的，目的就是吸引我们的注意力，让我们上瘾。要知道，在这个"流量至上"的时代，注意力就是资源，不少人做的其实是贩卖注意力的生意，只要能"收割"大众的注意力，他们就能通过不同方式进行变现，实现自身的利益。

一旦我们的大脑习惯了高频率的快感和刺激之后，它就很难容忍长时间没有新奇性的东西，只要当前的活动稍微有些无聊，或者有一点点认知上的挑战，我们的大脑就会想要从这些低刺激、高价值的活动转向高刺激、低价值的活动。这就是为什么我们在工作或者学习的时候，总是忍不住想要去刷刷网页和朋友圈。

更糟糕的是，如果大脑习惯了随时分心，那么在我们想要专注的时候，我们也很难摆脱这种积习，因为这时的大脑已经不能够胜任深度工作了，所以，如果我们经常处于极度浮浅的状态，我们的深度工作能力就会变得越来越弱。

除大脑本身的"缺陷"和过多的诱惑之外，深度工作能力的普遍缺乏还与当前的企业工作文化有关，那就是大家都相信，忙碌代表生产力。

这种信念实际上是工业时代残留下来的，在过去那个时代，"生产力"的定义是单一的，它取决于单位时间产出产品的数量，然而，在如今这个充满不确定性的信息时代，忙碌和价值已经没有了直接的关系，因为价值创造的关键点不在于执行力，而在于思考能力和创造力，而一个永远在忙碌的人是没有时间去思考的，也就不可能创造出真正有价值的东西。

遗憾的是，大多数企业依然坚守着这种过时的传统信念，很多老板只有看到手下的员工不停地忙碌和加班，才会感到心安。在这种情况下，员工们也别无他法，他们没有更好的方法证明自身的价值，只能投向这种传统的生产能力概念，通过可被看见的忙碌来稳固自身价值。

这样的结果就是，所有人都选择用忙碌来缓解暂时的焦虑，而让自己忙起来的唯一方式，就是做大量不需要怎么思考的浮浅工作，起码这样会让自己觉得，这一天干了很多事情。

## 你的黄金工作模式

值得庆幸的是，尽管向浮浅工作发展的趋势不易转变，但只要我们愿意努力，并有意识地进行训练，那么我们就能逐渐培养起深度工作的能力。

具体该如何训练呢？可以参考以下四个建议：

### 1. 精心选择目标

想要提高自己的深度工作能力，我们首先要做的就是学会聚焦目标，也就是要摆脱所有可以做但不是必须做的事情，只专注于少量"极端重要的目标"。要知道，无论是工作还是生活，想要取得最好的结果，就要尽量缩小目标，因为成功通常与你做了多少事情无关，而取决于你是否抓住了关键点（那件最重要的事情），以及你是否足够专注和投入。

然而，大多数人都不懂得这个道理，他们总是将计划安排得非常满，却很少停下来问自己：我为什么要做这件事情，我现阶段最重要的目标是什么，这件事情真的有那么重要吗？结果，不仅把自己弄得筋疲力尽，还没有什么成就感——既没有什么有价值的产出，也没有发展出独特的优势和技能。

所以，一定要放弃"忙碌就是生产力"这种错误信念，学会做减法，只有这样，你才能集中足够的精力来达成一些实在的成果。

就拿我的个人经验来说，我之所以能够每年都在认知水平上有很大的提升，并且还能有一些不错的代表性产出，就是因为懂得聚焦和专注。事实上，我这些年就只专注做一件事情，那就是思考和研究，而我最终想实现的目标，就是能够深入理解自我成长与发展的底层规律，逐步形成一套属于自己的理论和实践系统。

其实，很多年前，我就非常清楚地知道，任何一件可以速成的事情都是不值得投入的，因为你可以速成，别人也可以速成，所以它不可能成为你的优势。真正的优势一定来源于那些必须花时间才能获得的能力，而想要获得这种能力，你就必须投入大量时间和精力。

正是因为有了这样的意识和信念，我从来不投机取巧，也从来不追求速成，而是不急不躁、踏踏实实地每天朝着自己想要去的方向迈一小步。在我看来，这些努力都是必不可少的，即便是小小的进步，只要有足够多的累积，那么它们终有一天会让我拥有无可替代的价值。

**2. 训练自己的专注力**

假如你的大脑已经习惯了分心，那么让它突然间专注于做一件有认知挑战的事情是很困难的，因为你会总是忍不住想要去寻找一点"刺激"，比如刷刷朋友圈，刷刷短视频，或者看看八卦新闻，等等。

这个时候，你就需要有意识地训练自己的专注力，也就是在感受到想要寻找一些刺激的冲动时，你要抑制住这种冲动，"强迫"自己把注意力放在当下要做的事情上，如果你任由大脑分心，那么你就永远不可能培养出专注的习惯。

在刚开始训练专注力的时候，我们可以借助工具来帮助自己，比如使用番茄工作法。番茄工作法是由弗朗西斯科·西里洛（Francesco Cirillo）于 1992 年创立的一种时间管理方法，它的核心就是用番茄时钟

（定时器）来设定一个时间，在这段时间内，不允许自己做任何与当前任务无关的事情，番茄时钟响起之后，休息1到2分钟，然后再开始设定下一个番茄时钟。

不过番茄时钟设定的时间不宜过长，因为想要大脑一直保持长时间专注几乎是不可能的事情，要知道我们的注意力系统原本就不是用来让我们为同一件事长时间地保持兴奋状态。一般来说，25分钟是一个比较合理的时间，每25分钟休息一会儿对缓解大脑疲劳是非常有帮助的。

如果一开始觉得坚持25分钟太难，可以先设定为15分钟，然后再慢慢加长时间，直到25分钟。当然，即便是有工具的帮助，要做到专注一开始也会有些困难，任何习惯的培养都有一个过程，但是只要能坚持一段时间，随着大脑中新回路的形成，阻力会不断减弱，我们就会慢慢地发现专注好像没有那么难了。等习惯养成了之后，我们便不需要再依靠番茄时钟了。

我们前面提到的正念冥想，也是一个被证明有效的专注力训练方法。神经学家发现，经常冥想的人的专注力会比没有冥想习惯的人更强。

除了主动训练自己的专注力，我们还可以通过主动消除外部环境中的干扰来减少分心的冲动，比如在工作的时候，可以暂时断掉网络或者关掉手机，还比如可以通过卸载的方式，让自己远离那些低价值、容易让我们上瘾的应用和程序。

拿我自己来举例子，我的手机上就从来没有装过什么微博、抖音、头条之类的应用，而且我在很多年前就戒掉了看微信朋友圈的习惯（但我会关注一些高质量的公众号，从中获得一些有价值的信息）。从去年起，为了专注于研究和创作，我暂时停止了在社交媒体更新自己的动态，通过这种"消失"的方式来让自己更好地沉静下来，等到这一阶段的研究和创作完成之后再"出现"。

### 3. 建立自己的深度工作模式

有了值得投入的目标和专注的能力还不够，我们还需要找到属于自己的最佳深度工作模式，因为每个人的生理特性、职业特性和客观处境都不同，不是所有人都可以随时随地保持专注。你需要根据自己的情况，找到最适合进行深度工作的时间段，把它固定下来。

一般来说，早上是最适合深度工作的，因为早晨起床后的两三个小时，我们的头脑是最为清醒和活跃的，这段时间被称为"脑的黄金时间"。在这个时间段里我们做了些什么，将直接决定这一天里我们将要完成的工作量，以及工作的质量。

这完全符合我的个人经验，通常来说，我早上起床、吃完早饭之后，就会投入写作，然后一直工作到中午。下午的时候，我也会工作一段时间（大概两小时），但我发现下午的效率和思考能力远远不及上午，我经常会遇到思路断掉、写不下去的情况，可是等到第二天早上，新的灵感和思路又会突然涌现。所以，对我来说，早上和上午那段时光就是我最重要的深度工作时间，我会利用这段时间完成当天2/3 的核心工作，然后留一小部分在下午完成。

遗憾的是，在头脑最为活跃、创造性最高的早上这个黄金时间段里，很多人正在拥挤的地铁里或公交车上赶着去上班。大多数上班族早上的时间安排是这样的：7 点起床、洗漱、吃早饭，8 点出门，9 点到公司。起床后的黄金时间，就这样被消耗在这些没有任何"生产性"的事情上了。

对上班族来说，要想把起床后的黄金时间利用好，那就得早起。早点起床，可以在上班之前为自己赢得一些"个人时间"，这段时间我们的头脑最灵活，而且一般不会有人打来电话，室外也很安静，所以更容易让人排除杂念，专注地做些有一定认知挑战的深度工作。当大脑略感疲劳的时候，正好也到了该出门上班的时间，乘地铁的时候可以听听音乐，放松一下大脑，为接下来的工作做好充分的准备。

到了公司之后，千万不要先做那些无关紧要的琐事，而是要优先完成那些有难度、有挑战的工作，这是因为深度工作需要用到自主性注意力，而自主性注意力是一种有限的资源，越往后，注意力资源就越少，想要保持专注就很困难。其实，我们每天能够处于深度工作状态的时间是有限的，最多也就 4 个小时。说实话，能够在 8 小时工作时间内，有 4 个小时的高效工作状态已经非常了不起了。

如果你的工作内容可以自己掌控，我建议你最好把工作时间分成两段，其中一段追求高强度、无干扰的专注工作状态（这段时间要尽可能安排在上午），其余时间就用来处理那些不需要消耗太多注意力和脑力资源的浮浅任务。

另外，周末的时间也是非常宝贵的，如果你周末也能照样早起，并且能够将早起后的黄金时间段充分利用起来，那么你就能每周为自己创造更多的深度工作时间。

### 4. 创造最佳的大脑状态

最后，想要自己每天有足够的精力投入深度工作，懂得如何照顾自己的大脑也是一件很重要的事情，要知道人脑并不是电脑，它是会疲劳的，如果大脑在疲劳的时候得不到足够的休息和放松，那么长此以往，大脑的状态和工作效率都会受到影响。

我发现，每天有一段安逸的时光，做些让自己感到放松和幸福的事情，特别有利于补充能量。比方说，我会在每天下午 5 点半左右，结束一天的工作，之后的时间，我就会全都用来享受生活，做一些能够保持幸福感的事情，比如散步、练歌、听音乐、阅读、做饭、和家人聊天、做做拉伸运动、看看娱乐节目等等。此外，我还会利用这段时间为明天的"深度工作"做好准备，比如我会提前做好明天的计划和日程安排，准备好明天做饭需要用的食材，而且我还会在散步的时候想想明天要写的内容，把写作思路先定下来。

正是因为有了这些时光，我现在根本不需要什么单独的"休息日"，每天早上醒来之后，我都能精力满满地投入新一天的工作。

当然，对大多数人来说，平时晚上可能没有那么多自由时间用来休闲和做自己喜欢的事情，如果是这种情况，那么冥想就是最好不过的选择了。除此之外，你还可以考虑写感恩日记，因为感恩能够引导我们把注意力放在正面的事情上，这有助于我们主动创造一些积极的情绪，要知道消极情绪对大脑也是一种损伤。

除了要让大脑得到放松，我们还得确保自己有足够的睡眠，因为睡眠质量将直接决定我们第二天的精神状态。

睡眠之所以如此重要，是因为大脑在白天工作时会产生大量代谢废物和毒素，这些废物和毒素是需要排出的。大脑其实拥有一套类似身体淋巴系统的特殊废物处理系统，只不过它的主要工作时间是在晚上。研究者们发现，在睡眠中脑部类淋巴系统比清醒状态中活跃 10 倍。所以，我们的大脑需要通过睡眠来进行代谢和恢复。如果睡得不好，脑部类淋巴系统就会失效，大脑功能就会受到影响。

另外，大脑的精神状态还会直接受到日常饮食的影响。关于这一点，我们应该都有体会：每次吃了大量碳水化合物之后，人就会变得很困，打不起精神，而当我们感到特别饿的时候，集中精力就会变成一件非常困难的事情。

在饮食方面，我们最需要关注的就是血糖水平的变化，因为对提高认知表现和维持稳定的情绪而言，保持稳定的血糖水平极其重要。稳定的血糖水平对思考能力，特别是工作记忆，有积极的影响。保持血糖水平稳定的关键在于控制碳水化合物的摄取，所以，我们一定要避免在早饭和午饭的时候摄入大量碳水化合物，尤其是那些升糖指数很高的碳水化合物。

一顿健康的饮食应该是一些含有蛋白质、含糖指数低的碳水化合物和健康脂肪的食物，而且在摄入碳水化合物之前最好能够吃一些沙拉，这样能够减缓血糖升高的速度。我们还可以备一些坚果和水果之类的健康零食，在脑力不足的时候及时补充能量，避免出现血糖过低的情况。

运动对我们的精神状态也同样有着很大影响。适量的运动能够帮助我们在几分钟甚至几小时内集中注意力，令思路更清晰、情绪更积极。运动就像是个"重启"键，它非常可靠，并且效果显著，而且见效快，能够立刻提升你的精神表现。所以在工作的时候，我们要避免坐太久，时不时起身走动走动也会让我们的大脑更活跃。

如果我们发现自己精神状态不佳，没有办法集中注意力，或者思路受阻，这个时候就可以考虑通过适当强度的运动来唤醒你的身体。这样做会让我们在接下来的时间注意力更集中，精神更敏锐，效率也更高。

# 井然有序的
# 规律生活

　　说到过去这些年我的成长，除在认知和专业能力上有了扎实的积累之外，另一个让我感到十分自豪的成长，就是我强大的生活管理能力和一系列良好的生活习惯。每次朋友来我家做客，她们都会惊讶于眼前屋子的极简风格——我的东西很少，而且所有东西都被收拾得整整齐齐，每个物品都有自己的专属位置。不仅居住空间如此，我的日常生活也一样，永远都是一种有条不紊的状态。

　　这些生活习惯并不是我从小就有的，也不是长大后自然而然形成的，而是我多年来通过有意识地培养和训练一步步养成的：每年我都会给自己设定一到两个生活相关的主题，通过项目的形式来对自己的生活方式和习惯进行升级与改造。之所以要这样做，是因为这种规律有序的生活有着很多显而易见的好处：

　　一方面，它能让我以一种井井有条而又毫不费力的方式去应对和管理各种生活琐事，不会因为工作过于忙碌而导致生活一片混乱。这种掌控感对个人幸福感而言其实是非常重要的，因为它能极大地降低由杂乱和琐事而引起的焦虑感。

另一方面，规律有序的生活还有助于我进行时间管理和精力管理，因为当生活有了规律和秩序之后，我就能减少很多不必要的时间和精力上的消耗，并且可以把更多时间和精力放到更为重要的事情上，也能更好地照顾自己的身体，让自己每天都拥有充沛的精力。

如果你也想拥有更强的生活掌控感，并且能够在忙于工作的同时兼顾生活品质和健康，那么不妨花些时间和精力，有计划地为自己打造一个井然有序的规律生活。

## 从生活的断舍离开始

想要打造一个规律有序的生活，我觉得，最好的起点就是从生活空间整理开始，因为空间的秩序感是最显而易见的，而且当我们体验到了这种秩序感所带来的心态上的积极改变之后，我们就会更有动力进行其他的改变。

对绝大多数人来说，生活空间混乱的一个主要原因就是东西太多，所以想要让自己的生活变得井井有条起来，首先要做的就是断舍离，勇敢地扔掉那些不再需要的物品。东西少了，混乱程度自然会下降。

扔东西这件事情看着虽小，但有过体验的人应该都知道，这其实是一个与内心不断做斗争的艰难过程，因为想要真正做到断舍离，你必须同时具备选择和舍弃的能力——你必须有能力从满屋子的物品中挑出那些自己真正需要的，并且有勇气和那些不需要的物品说再见。

选择和舍弃之所以很难，是因为我们的大脑天生讨厌损失，这种心理是在漫长的进化过程中形成的，要知道资源稀缺是人类一直以来都在面临的生存挑战，在那种情况下，损失就很有可能意味着生存威胁。虽然我们现在已经拥有了不愁吃穿的优裕生活，但曾经巨大的生存压力已经在大脑中留下了深刻的印记，这就是厌恶损失（害怕失去）的心理根源。

从这个角度来看，我们害怕舍弃，其实是因为我们需要安全感。但问题是，真正的安全感从来都不是外在事物所能赋予的，它只能源于我们自身那些稳定的、永远不会失去的东西，比如能力、品格等。

在我看来，断舍离不仅能够让我们的生活变得更加有秩序，它本身还是一种很好的自我训练，因为断舍离有利于我们克服对失去的恐惧，只有摆脱对失去的恐惧，我们才不会被担心和害怕的事情占去太多精力，才有可能把注意力慢慢转移到真正重要的事情上——那些我们永远都不会失去的能力和品质上，并以此获得真正的安全感。

在断舍离过程中，如果你感觉难以割舍，或者感到内心有股抗拒的力量，那么就问自己："失去了又能怎样？"然后再想想，什么是别人拿不走，自己也永远不会失去的。这些，才是我们真正需要在意和花时间投入的，因为它们是安全感最稳定的来源。

# 生活整理四步法

### 第一步：清理

如果真的下决心打算简化自己的生活空间，我建议先来一次彻底的物品清理——你需要把家里的东西全都过一遍，不管大小。在这个过程中，你得果断地挑选出那些不需要的物品，然后进行处理，比如扔掉或者送人。当然，这个尺度和标准需要自己把握。日本整理大师近藤麻理惠在《怦然心动的人生整理魔法》中建议"只留下让你怦然心动的，其他统统丢掉！"，而我采用的是实用原则，即会频繁使用，而且没有其他替代品的物品，如果没有实用价值，即使再喜欢我也会处理掉。

挑出那些不需要的物品之后，你接下来需要把那些打算保留下来的物品逐一进行记录，把它们呈现在纸上，看看自己到底有多少物品。这一步可能需要花费很多时间，特别是从来没有对自己的生活进行过整理的人。但我敢保证，这是一件一劳永逸的事情，花这个时间绝对值得。这里要提醒的是，这个清理过程一定要一次性完成，拖的时间越长，完成的可能性越低。趁着这股热情，用一个周末的时间给自己来个彻底的大清理吧。

当然，如果你东西非常多，或者你没有整个周末的时间来收拾，那么也可以考虑按房间或功能区间来进行清理。

### 第二步：归类

清理之后的第二步，就是归类整理。我的建议是，把所有物品先按照功能进行分类。这一步完成之后，就要进行现实中的归类整理了。

归类整理的过程实际上是一个物品与空间搭配的过程，需要把具有相同功用的物品收纳到一起，然后摆放在最方便和最合适的位置。物品的摆放位置需要固定下来。

这里我想特别强调一下收纳用品的作用。收纳用品有两个重要作用：首先，收纳用品能够很好地将物品进行归类整理，把同类物品放在同一个收纳用品中；另一个重要作用就是收纳用品能够把杂物集中在一起，用降低醒目度的方法将容易凌乱的部分尽可能地遮盖或隐藏。

我在生活空间整理中大量使用收纳工具，这使得整个家在视觉上整洁干净。而且有的收纳工具本身就可以带来视觉上的享受。

### 第三步：保持

完成物品的功能性归类和收纳用品的选择后，接下来的重要任务就是给每件物品找到自己的归属地，这对保持生活空间的整洁十分重要。而且每次用完之后，一定要把物品放回原位。这样的习惯养成需要一些时间，但是一旦养成，你的生活将变得十分轻松，不仅能够时刻保持生活空间的清爽整洁，而且永远不会为找不到东西而烦恼。

另外，我们经常会有一些衣服穿了一次，还不需要洗，但是又不能放回衣柜，或者有些衣服需要洗，但是还没有积攒足够的脏衣服，这时候，我们可以设置一个缓冲区（可以是个能装下很多衣服的编织筐）。这个缓冲区专门放置这些衣物。然后每周定期清理缓冲区，清洗完衣服之后放到衣橱或者收纳箱里。

### 第四步：更新升级

随着收入的增加和审美的提高，我们对生活品质的要求也会越来越高。每年我都会给自己定一个生活升级计划，并为此确定合理预算。通过换掉一些不再适合自己的物品，或者不再符合自己品位的物品，我们可以逐渐提高生活品质。

我曾经就是按照这个方式给自己的生活来了一次彻底的断舍离：我扔掉了所有自己不喜欢和不会再用的物品，并将扔完之后留下来的物品按照类别一件一件记录下来。与此同时，我还开始学习收纳，买了很多自己喜欢的风格的收纳用品，对物品进行归类，然后摆放在固定的地方。

这项庞大的"工程"大概花了我一个月的空闲时间。尽管这个过程很费时间和精力，但特别值得，因为我的生活因此变得更加美好了：我的居住空间变得干净整洁又赏心悦目，我也不需要再为找不到东西而烦恼了。这不仅给了我一种"家"的温馨感和安全感，更给了我一种想要把生活过得更加精致和健康的动力。

那次全面的断舍离和收纳系统的建立，可以说是一次一劳永逸的努力，从那以后，我的生活就再也没有乱过，而且我每年还会定期对自己的物品和收纳方式进行升级，让自己的生活不断接近自己理想的样子。

## 将好的选择固定下来

马克·扎克伯格（Mark Zuckerberg）曾经在脸书（Facebook）上分享过自己衣橱的一张照片，照片中是十几件一模一样的灰色 T 恤，他还配上了一句话："休完陪产假之后的第一天，我该穿什么呢？"虽然这是一句调侃，但这反映的是扎克伯格的真实生活——他几乎每天都是一身灰色 T 恤和牛仔裤。

为什么扎克伯格要买那么多件相同的 T 恤呢？他的解释是这样的："每天早上起来都有超过十亿的人在等着我服务，我不想把时间浪费在那些无意义的事情上，在生活中，我总是尽量简单一些，少做选择。"由此可见，买十几件同样的 T 恤实际上是扎克伯格提高生活效率的一种策略。

当然，我不是要建议你去模仿扎克伯格，一下子买十几件相同的衣服，而是想让你明白他这种行为背后的逻辑——对于生活中那些不值得花过多时间和精力做决定的事情，最好把选择固定下来，以此减少生活中要做的选择。

不得不说，"减少生活中要做的选择"是一个非常实用的高效策略，因为选择本身是件特别消耗精力的事情，即使是做一些典型的、日常的、不重要的决定。当我们有太多选择要考虑的时候，大脑就会产生疲劳感。有的时候，我们甚至还会因为不知道要如何选择而产生一系列的拖延行为。

在日常生活中，我就会刻意地通过"固定选择"的方式，降低自己需要做的选择，比如说，生活中几乎所有的日常消耗品，我都有自己长期固定使用的品牌，买衣服也是固定几个品牌，而且我的衣橱很简单，不同类型的包我只配一个，不同类型的鞋我也只配一两双，另外，衣服我都会尽量搭配好，确保自己在不同场合都有合适的衣服。

从去年起，我还开始把这种策略用在日常饮食上。说实话，我之前并没有太关注自己的饮食健康，吃得比较随意，经常会因为方便而点外卖。后来，我的好闺密去斯坦福大学进修营养学，学习了很多最新的营养学知识和饮食理念，并把这些知识和理念分享给了我。在闺密的影响下，我开始越来越关注自己的饮食健康，不再点外卖，而是三餐都自己做。

我根据她给的饮食建议，制定了自己的饮食规则，比如我每顿饭差不多都会按照 50% 的蔬菜、30% 肉类（鳕鱼、牛肉、猪肉、鸡蛋等等）和 20% 的碳水化合物（粗粮）的比例来进行搭配，每天会吃一些坚果和水果。此外，我还会在网上学习怎么做那些我喜欢吃的菜，并把这些菜谱记下来。到现在为止，我会做的拿手菜有十几种。

有了这些饮食规则和固定的菜谱之后，我就能在每天做"晨间日记"的时候，提前做好第二天的饮食规划，并准备好食材。这样的话，我就能用最少的时间和精力来管理自己的饮食，确保营养均衡。

## 设计"早晚生活流程"

关于打造井然有序的规律生活，最后一个小建议就是，你可以有意识地为自己设计一套"早晚生活流程"（morning/evening routine），这也是西方很多时间管理达人和效率达人经常会提到的一个高效策略。

什么是"早晚生活流程"呢？首先解释一下 routine，routine 指的是按照某种固定的流程或顺序做一系列事情。从本质上来说，routine 就是一种个人习惯，只不过它是一种流程性的习惯。所以，"早晚生活流程"就是我们早上和晚上会习惯性地去做的一些事情。

其实，我们每个人都有属于自己的早晚生活流程，只是没有经过设计的 routine 通常是这样的：

睡前总习惯性地躺在床上刷朋友圈或者追剧，结果看兴奋了，怎么也睡不着。晚上睡不着，第二天早上自然就起不来，等到不得不起床的那一刻，只能赶紧从床上爬起来，胡乱洗把脸之后冲出门，路上随便买点早饭对付一下或者干脆不吃。到了晚上，又继续重复同样的模式。

我知道，很多人都渴望拥有一个更加自律和高效的人生，然而大多数人没有意识到的是，真正高效的人生，其实应该从早晚生活的设计开始，因为早上的心情和节奏在很大程度上决定了这一整天的基调，而晚上，特别是睡前的安排，直接影响着睡眠状况，睡眠状态又直接影响着第二天的精神状态和大脑的工作效率。

那么，我们应该怎样去设计自己的"早晚生活流程"呢？

我们先从晚间流程说起吧。一个好的晚间流程，至少应该包括三个部分：回顾、计划和睡前准备。

回顾，就是要对白天的经历进行反思、分析和总结，想想哪些地方可以改进，整理一下情绪，给情绪清零，这样的复盘对个人成长很重要，也能避免我们把情绪带到第二天。

计划，就是提前想好第二天要做的事情，做好计划，准备好要穿的衣服和要用的物品，这样的话，第二天起来，我们就会非常清楚今天要做些什么，应该如何安排时间和精力，而不需要临时去思考。

睡前准备，则是要在睡前停止做那些让大脑兴奋的事情，让大脑逐渐安静下来，进入准备睡觉的状态。

　　说完了晚间流程，我们再说说早间流程。一个好的早间流程，毫无疑问应该从早起开始，因为只有早起，我们才会有充足的时间，才能有条不紊地完成早上要做的事情，比如洗漱、吃早饭、换好衣服、化妆等等，并且为这一天的工作做好心理准备，比如可以看看前一天晚上做的计划，想想今天最核心的任务是什么，给自己一些积极的鼓励。

　　除此之外，我们还可以在早间流程中加入一些思考或者学习类的活动，比如写作读书或者听课。早上的大脑是最清醒和活跃的，很适合思考和学习。

　　在这里，分享一下我给自己设定的早晚流程：

早间流程（起床到正式开始工作之间做的事情）

起床

洗澡

准备咖啡和早饭

吃早饭 + 听音频课程

读古诗词（10 分钟）


晚间流程（每天工作结束之后做的事情）

做计划——晨间日记（包括饮食计划）

晚餐（和爸妈打电话）

散步（思考 / 听课学习）

看娱乐节目（同步拉伸）

洗漱护肤

睡前阅读 / 冥想

**说明：**

1. "读古诗词"是我在 2018 年养成的一个微习惯，到目前为止，我利用每天 15 分钟的早读时间，已经熟练背诵了近 200 首古诗词。

2. 晨间日记虽然叫作"晨间"日记，但我都是晚上做——提前列好第二天的任务清单。

3. 每天晚上我都有 1 小时左右的娱乐时间，这能让我从一天的工作中抽离出来。

虽然说规律有序的生活听上去很美好，但我们也得知道，这样的生活不是立马就能获得的，但只要你有意识地去探索和设计，一个习惯接一个习惯地去刻意培养，那么你也一定能拥有一个健康、高效而又不失平衡感的美好生活。

# 从"焦虑人生"到
# "有意义的人生"

在这本书的末尾，我还想聊聊我对"意义感"的理解。现在我们的确已经进入了一个意义感普遍缺乏的时代。

我认为，造成这种现象的主要原因，是传统价值观与这个迅猛发展的新时代发生了严重脱节：传统价值观强调的是集体、奉献和自我克制，而现代社会强调的则是个人、消费和欲望，因为这是经济发展的基础。

在金钱和物质的激励下，每个人都在为更好的物质生活而努力奋斗，然而以物质追求为核心的价值观是有问题的，因为物质并不能给人以持续的刺激，也无法给予我们所渴望的那种精神上的满足感。

随着时间的推移，越来越多的人开始感受到那种缺乏更高人生意义所带来的空虚、迷茫和困惑。现代的都市人急需一种新的信仰，来给自己的人生赋予更高的意义。

　　人对意义感似乎有一种本能的需求，我们需要知道自己是为什么而活，需要为自己的人生找到一个明确的方向。缺乏了这种方向感，我们就会经常感到迷失，所体会到的幸福感也是不完整的。

　　事实上，我从 20 岁出头的时候，就开始思考人生意义这件事情了，也曾为这个问题请教过不同的老师，进行过大量的心理学和哲学上的学习。直到最近这一两年，我总算想通了这个问题，有了自己满意，也是相对比较科学的答案。我相信，这个答案应该也能解答你心中关于人生意义的困惑。

　　不过，在谈论人生意义之前，我想先解释一下什么是"意义"。

　　"意义"这个词我们在生活中经常说，比如，当我们在设定某个目标或者做一件事情的时候，我们都会忍不住去思考，这个目标是不是真的有意义呢？或者，这件事情对我来说到底有什么意义？

　　"意义"一词反映的是一种假设，即事件或者目标之间基于一个最终目标而互有关联，它们有一种现成的秩序和联系。所以，当我们想要知道某件事情的意义时，我们真正想要知道的是，这件事情和那个最终目标之间有着怎样的联系。

　　宾夕法尼亚大学的心理学教授安吉拉·达克沃思（Angela Duckworth），曾在她写的《坚毅》这本书当中提到过目标层级的概念。在这目标层级中，最顶端的目标是顶级目标，顶级目标往下是中级目标，中级目标下面是低级目标。

　　在达克沃思所说的这个目标层级当中，目标和目标之间就是因为最终的一个顶层目标而相互关联的。顶级目标就是我们最终要追求的东西，或者说人生终极大目标，中级目标和低级目标则都是我们为了

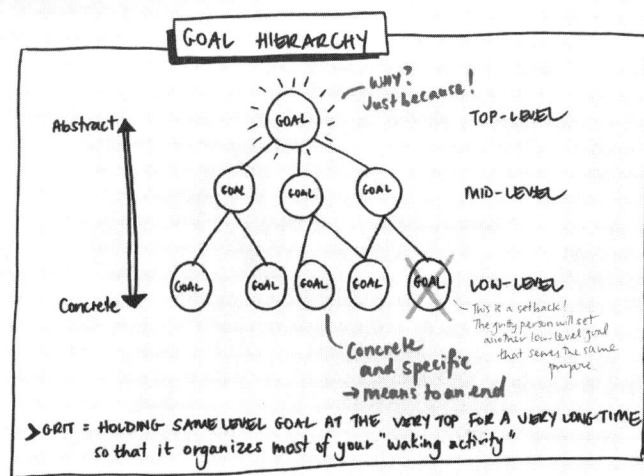

目标层级图解

实现顶级目标而选择的策略，它们是手段，而不是目的。

一般来说，目标层级越高，它就越抽象，越重要，离我们的终极大目标也就越近；目标层级越低，它就越具体，灵活性也越高。所谓的灵活性指的就是，它可以被调整，甚至可以被删除。

其实，我们日常生活和工作中那些需要做的具体任务，以及给自己定的一些短期小目标，都属于低级目标，它们仅仅是我们实现那些更为高层目标的手段，它们通常是特定和琐碎的。假如这些琐碎的小目标和任务背后没有一个顶级目标将它们连接起来，那么我们就会缺乏意义感和方向感。

从这个角度来说，所谓找到"人生意义"，本质上就是要解决人生顶级目标的问题，也就是要为生活中每天所做的事情找到统一的方向，或者说一个终极大目标，只有这样我们才不会觉得迷茫和空虚。

所以，人生意义的核心作用就在于，它可以为我们的精神世界提供一种秩序，有了这种秩序，我们就能实现内心的和谐，无须再把精神能量浪费在犹豫、怀疑、后悔、担忧及恐惧之上，而是可以把精力聚焦和放在有益的方面。

实际上，这个顶层目标和追求具体是什么并不重要，它甚至是可以调整和改变的，重要的是经由目标，建立起内在秩序，把精力聚集起来，并找到投入的充实感和乐趣。

不过话又说回来，虽说顶层目标具体是什么并不重要，但它必须满足一个非常重要的前提条件，那就是，这个目标不能是以自我为中心的，而是 something bigger than yourself，翻译成中文就是比自我更大的目标。

如果你追求的不是比自我更大的目标，而仅仅是执着于自我，那么这样的追求就没有办法给你带来内在的和谐与秩序感。

为什么这么说呢？我来简单解释一下。

首先，我们得理解什么叫作"以自我为中心"的目标。这里的自我，实际上指的就是自尊，也就是有关自我的评价与看法，它通常是建立在与他人的比较之上，关乎的是我们在他人心中的形象和地位。

当我们追求的是"以自我为中心"的目标时，我们真正追求的其实是自我地位的提升，是为了赢得所谓社会认可，或者为了证明所谓自己的"价值"。

在这种情况下，我们真正在意的不是目标本身，不是因为这个目标对我们来说多重要，而是这个目标能否为我们赢得认可，能否让我们看上去更成功、更优秀，或者更有地位。

　　我们再来看看与之相反的情况，当我们追求的是 something bigger than yourself 的时候，我们的关注点就不是在自己身上，而是在目标上，就不会总想着自己——不会总在评判自己，或者拿自己和他人进行比较，也不会总担心别人对我们的看法。

　　举个简单的例子。现在很多明星、企业家都会去做慈善，有的人做慈善是为了让自己看上去很有善心和社会责任心，或者为了避免被谴责，而有的人去做慈善则是因为自己真的很在意，希望通过尽自己的一份力，来让这个世界变得更美好一点。

　　对第一种人来说，他们真正关注的其实是自己（自己在他人眼中看起来如何），而对第二种人来说，他们的关注点并不在自己身上，而是这件事情本身，这才称得上不"以自我为中心"。

　　当然，这种区分仅仅在表面上，它背后还有更深层次的原因。一个人为什么会把自我看得那么重，为什么会"以自我为中心"呢？其实，本质上还是没有安全感，内心不接纳自己，觉得自己不够好，缺乏自信。

　　人在缺乏安全感、没有自信的时候，就会不自觉地把所有注意力都放在自我身上，自我意识会变得很强。这是一种我们天生自带的防御机制。相反，人在自信的时候，是很少会去想自己的，也不会总是关注他人对自己的看法。

　　说实话，自我意识太强其实是一件非常痛苦的事情，因为你总是在评价自己，总是在担心自己是不是足够好，总想证明自己，想要得到认可。而且你还会沉迷于自身和他人的比较之中，比如成就上的比较，也会更倾向于追逐名利，你甚至会把他人的优秀看作对自己的一种威胁，并因此而产生嫉妒心，对他人充满敌意。

所以，从某种意义上来说，安全感是意义感的前提，你必须先摆脱一个"焦虑的人生"，才有可能过上一个"有意义的人生"，只有当我们不再执着于自我，不再以"自我为中心"的时候，你才有可能找到，并执着于那个比自我更大的目标。

我猜想，关于"something bigger than yourself"，你或许还会有疑惑：具体怎么才算是"bigger than yourself"呢？

在我看来，这种"bigger"主要体现在两个层面，一个是纵向的，与自我的深度和复杂度有关；另一个是横向的，与自我的广度、范围有关。

我先说说纵向的。

作为人类，我们身上是存在着一种自我超越的本能的：我们生来就具有好奇心，我们希望了解这个复杂的世界，也喜欢在探索和挑战中不断进步。在这个跟随本性去学习和发展的过程中，我们的"自我"自然就会变得越来越复杂，我们能做的事情、能应对的挑战越来越多，对世界的理解也越来越深入。

尼采就认为，人生的意义就在于自我超越。在尼采看来，人是尚未定型的动物，这可以说是人之所以为人的关键点，并使得人与其他动物区分开来，因为其他动物都已定型，没有发展的自由，人却不然，人拥有极大的不确定性和可塑性，因此人可以自己改变自己，自己创造自己。

人既然是未定型的动物，那么我们就应该拥有个人发展上的无限可能。我们究竟将往什么方向发展，最终会成为怎样的人，完全取决于我们的选择和努力。当我们给自己设定了目标，并为此克服限制，突破挑战，超越那个原来的自己的时候，我们便成了一个全新的自己，而我们每一次的自我创造行为，都在为自己创造新的可能。

当然，这个过程并不容易，因为自我超越本身就是一个与阻力做抗争的过程，我们需要走出舒适圈，需要经历艰辛的付出，遭遇各种磨难，但只有这样我们才能感受到生命背后那股自强不息的力量。从这个角度来说，痛苦其实就是人生意义的一部分，因为痛苦磨炼的是意志，只有这种磨炼，才能激发出我们的各种潜能。

不过，仅仅有深度还不够，自我还需要有广度上的拓展，这种广度来自与他人所形成的有意义的连接，这种连接能够拓展"自我"的概念与边界。

其实，这种横向拓展的需求同样是来自人的本性，因为我们的本质是社会动物，我们需要依赖彼此而生存，所以我们需要与他人建立连接，也渴望与他人建立连接，没有连接的人生是孤独的、缺乏温度的，也是没有意义感和幸福感而言的。

那么，什么样的连接才是"有意义的连接"呢？这里的"有意义"，指的是你能对他人产生积极的影响，能够给他人提供价值。

这种价值可能是为他人解决某个具体的问题，可能是知识、技能的传授或者认知上的启发，也可能是一股积极、正向的能量，还可能是一种美好、温暖、愉快的感受和体验。这种连接的形式也可以是多种多样的，比如它可以是因为现实生活中的接触而产生的直接连接，也可以是间接的连接，比如通过你从事的工作，或者创造出来的作品和产品。

换而言之，只要你的存在，能够让他人的生活变得更美好，那么这种连接就是有意义的，不管这种连接是直接的，还是间接的。

说到这里，我们就不难得出这样的结论：一个有意义的人生一定包含了深度和广度两个层面的自我追求。这两个层面的追求通常是紧密相连的，因为我们的连接范围会随着我们自身的复杂化而逐渐扩大。

当我们的自我还很简单的时候，我们连接的可能只是自己的家人，身边的朋友，或者一起工作的同事，但随着我们自身能力的不断发展和提升，以及对于世界认知的深入，我们能够解决的问题越来越多，能够做的事情也越来越多，这个时候，我们接触和连接的人就会越来越多，可以产生的影响范围也越来越大。

当然，每个人这一生的时间和精力都是有限的，到底要在哪个领域去进行自我的深入，以什么样的形式，以及与哪些人去构建积极的连接，这些都是我们每个人需要花时间去独立思考、探索和选择的。